애인처럼 사랑스런 크기
밥 사랑하듯 책 사랑을!
포켓 스마트 북 ⑭
배나무 울타리

울타리글벗문학회 편

도서출판 한글

크기보다 실용적인 내용
포켓스마트 북 ⑭

배나무 울타리

2025년 5월 20일 1판 1쇄 인쇄
2025년 5월 25일 1판 1쇄 발행
편　　자　울타리글벗문학회
기획자문　최강일
편집고문　김소엽 이진호 김무정 최항섭
편집위원　김홍성 이병희 최용학 심강일
발 행 인　심혁창
주　　간　현의섭
교　　열　송재덕
디 자 인　박성덕
인　　쇄　김영배
관　　리　정연웅
마 케 팅　정기영
펴 낸 곳　도서출판 한글
우편 04116
서울특별시 마포구 신촌로 270(아현동) 수창빌딩 903호
☎ 02-363-0301 / FAX 362-8635
E-mail : simsazang@daum.net
창　　업 1980. 2. 20.
이전신고 제2018-000182
* 파본은 교환해 드립니다.
* 정가 7,000원
* 국민은행(019-25-0007-151 도서출판한글 심혁창)
ISBN 97889-7073-643-3-12810

머리말

스마트 북 울타리의 사명

이 포켓 스마트 북 『울타리』는 정기 간행물이 아닌 휴대 간편한 포켓북입니다. '스마트 폰' 때문에 종이책을 멀리하는 분들에게 독서를 권장하는 메신저의 사명을 띠고 발행합니다.

대한민국 국민 모두를 울타리 안으로!

우정의 다리 스마트 북 울타리

이 울타리가 친구간의 우정을 다지는 다리가 될 줄은 몰랐습니다. 최근에는 울타리 독자 가운데 이 책이 나올 때마다 구입하여 친구한테 보내주며 우정을 다지는 독자들이 날로 늘어나고 있습니다.

친구 간에 흔히 카톡 문자로 인사를 나누지만 형식적이 되고 마는 경우가 있습니다. 우편으로 보내주는 우정의 사절 '스마트 북 울타리'는 만나서 차나, 술대접하는 이상의 진지한 인간관계 유대에 도움이 되고 받아보는 친구가 기뻐하고 고마워하게 합니다.

사랑하는 친구 간에 편지를 주고받듯 마음을 나누는 우정의 다리가 되어주는 책이 바로 이 '스마트 북 울타리'입니다.

다 읽은 후 절친한 분한테 드리면
우정의 선물도 됩니다.
울타리를 사랑하고 후원해 주시는 독자님들께 감사드립니다.
한국출판문화수호 지킴이

발행인 심혁창

‖ 차 례 ‖

머리말 : 스마트 북 울타리의 사명 / 발행인⋯⋯3

전철맨⋯⋯6
전철에서 만난 소중한 독자들⋯⋯6

감동 스토리⋯⋯13
못 다한 한 마디 '사랑해'⋯⋯13
역지사지 '한밤의 기다림'⋯⋯20

독후감⋯⋯23
정년퇴임한 최초 대통령⋯⋯23
세종대왕 실록 / 최강일⋯⋯35

항일운동사⋯⋯44
도산 안창호(3) / 최용학⋯⋯44

칼럼⋯⋯50
거지 나사로와 회장님 / 강덕영⋯⋯50
뉴욕 센트럴파크와 세종 중앙공원 / 최민호⋯⋯54

작고시인명시 감상⋯⋯58
원 / 박종구⋯⋯58

특집 / 배꽃뜨락⋯⋯61
꿈. 1 외 1편 / 김소엽⋯⋯61
보리 외1편 / 김순빈⋯⋯63
함께 있고 싶은 사람 외1편 / 김순희⋯⋯66
현대시 수업시간 외1편 / 배정향⋯⋯68
배꽃뜨락의 잊을 수 없는 은사님들 / 허숭실⋯⋯70

스마트 시⋯⋯77
짜장면 한 그릇 외 1편 / 최명덕⋯⋯77
나무의 독백 외 1편 / 이상인⋯⋯79
믹스커피 외 1편 / 김정덕⋯⋯81

연작시①⋯⋯83
인강 흐르다 (1) / 서경덕⋯⋯83

스마트 소설······86
탈무드를 읽은 어머니 / 이건숙······86
달밤, 강가에서 / 김선자······89
다이어트 아르바이트 그가 나야 / 정기옥······95

스마트 수필······102
맛 / 안은순······102
두루뭉술한 민주주의 교육 / 김임선······108
탐진강 상류 / 최건차······114
하나님 전 상서 / 이중택······122
수렁에 빠져도 별은 보인다 / 조마구······126

출판계 알레고리 소설(7)······132
넷째 남자(7) / 심혁창······132

명작 읽기······140
홀로코스트 (14)······140

특정장애 이야기 (1)······147
천재의 건망증 / 최향섭······147

세계명언 (4)······152
인류의 나갈 길 / 김홍성 편······152

상식······156
초 심 / 정태광······156
한국인과 일본인은 이렇게 다르다······159

외래어 (8)······164
많이 쓰이는 외래어(매회 보완) / 이경택······164

울타리 문학 · 아트 플라자······178
그림의 향기 / 권명순······179
봄 새싹 / 심광일······180

서체와 사자성어······181
오체서예 / 이병희······181
중국간자 (4)······190

울타리후원자······192

전철에서 만난 소중한 독자들

 전철에서 책 읽는 독자를 만난다. 얌전한 분들이 주로 경로석 쪽 전철 칸과 칸 사이 벽에 기대어 책 읽는 분이 많다. 독자에게 무례한 줄 알면서도 말을 건넨다.
 "죄송합니다만 책 표지 좀 촬영할 수 있을까요?"
 그러면 100% 쾌히 허락하고 책 표지를 펼쳐준다. 그러면 한 수 더 떠서 지금 읽고 계신 본문 두 페이지만 촬영하게 해 달라고 하면 역시 웃으며 본문을 펼쳐 보여준다. 책 읽는 사람은 거의 곱고 착한 인품이다.
 내가 만난 분들의 책을 소개한다. 보편적으로 그분들이 읽는 책은 모두가 수준 있는 양서였다.
 독자와 책을 만나 표지를 찍고, 금방 읽고 있는 2쪽을 촬영하여 그 대목을 읽어보면 신기하게도 그 책 주제의 핵심이 정리된 듯한 내용들이었다. 유심히 검토 바람.

 (전철에서 만난 독자와 만남의 제목을 전철맨으로 함)

 (전철에서 만나 양해해 주신 분들께 감사드립니다)

프리드리히 니체 / 김신종 옮김
깨진 틈이 있어야 그 사이로 빛이 들어온다

때 묻지 않은 인식에 대하여

어제 달이 떠올랐을 때, 나는 달이 태양을 낳으려고 하는가 하고 상상했다. 그만큼 달이 지평선에 폭넓고 불숙하게 걸려 있었던 것이다. 하지만 달은 임신으로 나를 속인 거짓말쟁이였다. 그래서 나는 달에는 여자가 아니라 남자가 있다고 믿고 싶다. 물론, 이 수줍어하는 올빼미 같은 달은 남자답지도 못하다. 진실로 그는 저열한 양심으로 지붕 위를 배회한다. 달의 수도사인 그는 음탕하고 질투가 심하여, 대지와 사랑하는 자들의 모든 기쁨을 탐내고 있기 때문이다. 그래, 나는 그를 좋아하지 않는다.

하지만 나는 그대들에게 가까이 다가갔다. 그때 낮이 나에 다가왔고, 이제는 그대들에게 다가가고 있다. 달의 전시는 끝났다!

저기를 보라! 달은 붙잡힌 채 저기 아침놀 앞에서 창밖서 있다! 바로 그가, 이글이글 뜨겁게 타오르는 그가 벌써 다가오고 있기 때문이다. 대지를 향한 그의 사랑이 다가오고 있는 것이다! 순진무구함과 창조자의 열망은 모든 태양의 사랑이다!

저기를 보라. 그가 얼마나 급하게 바다를 건너오고 있는가! 그대들은 사랑을 향한 그의 목마름과 그의 뜨거운 숨결이 느껴지지 않는가?

그는 바다를 빨아 마시려 하고 바다의 심연도 자신의 높이까지 빨아 들이키려 한다. 그때 바다의 욕망은 천 개의 젖가슴과 함께 솟아난다.

바다는 목마른 태양에게서 입 맞춰지고 빨아 들이켜지기를 원한다. 바다는 공기가 되고 하늘이 되고 빛이 걷는 길이 되고 스스로 빛이 되길 원한다.

나는 조용히 걷는 자의 발걸음을 좋아하지 않는다. 모든 정직한 자들의 발걸음은 말을 한다. 하지만 고양이는 바다 위를 몰래 빠지나갈 뿐이다. 보라, 달이 고양이처럼 약삭빠르고 부정직하게 다가온다.

나는 이 비유를 그대 섬세한 위선자들에게 전해준다. 그대 '순수하게 인식하는 자들에게!'

나는 그대들을 이렇게 부르겠다. 음탕한 자들이여!

그대들도 대지와 지상의 것을 사랑한다. 내가 그대들을

잘 맞히지 않았는가! 그러나 그대들의 사랑에는 부끄러움과 저급한 양심이 있다. 달과 같은 그대들에게 말이다!

그대들의 정신은 지상의 것을 경멸하도록 설득되었다. 그러나 그대들의 오장육부까지는 설득되지 않았다. 이 오장육부가 그대들의 가장 강력한 힘인 것이다!

그런데 이제 그대들의 정신은 그대들의 오장육부를 섬긴 것을 부끄러워하고, 자신에 대한 부끄러움 때문에 은밀하고 거짓된 길을 걸으려고 한다.

그대도 거짓말하는 정신은 자신에게 이렇게 말한다.

그대들의 주변과 그대들이 식사를 할 때도 나쁜 공기가 항상 그대들을 감싸고 있다. 심지어 그대들의 음탕한 생각, 그대들의 거짓말과 비밀이 허공을 맴돌고 있다.

먼저 과감하게 그대들 자신을 믿어라. 그대들과 그대들의 오장육부를 믿어라! 자기 자신을 믿지 않는 자는 늘 거짓말만 할 뿐이다!

그대 '순수한 자들이여' 그대들은 어떤 신의 가면을 쓰고 있다. 그 신의 가면 안으로 그대들의 끔찍한 황충이 기어 들어갔다.

그대 '관조하는 자들이여', 진실로 그대들은 속이고 있다. 한때 차라투스트라도 그대들의 신성한 피부를 좋아했던 바보였다. 그는 그 피부 안에 채워져 있는 뱀의 똬리를 알아차리지 못한 것이다.

그대 순수하게 인식하는 자들이여, 한때 나는 그대들의

놀이에서 어떤 신의 영혼이 노는 것을 볼 수 있다고 생각했다. 한때 나는 그대들의 솜씨보다 더 나은 솜씨는 있을 수 없다고 생각했다!

먼 거리가 내게서 뱀의 오물과 악취를 숨겼다. 그리고 도마뱀의 간계가 음탕하게 여기를 슬금슬금 기어 다녔다.

에테르 자체가 그를, 의지가 없는 그를 교양할 것이다. 그는 괴물을 제압했고 수수께끼도 풀었다. 그러다 또한 그는 자신의 괴물과 수수께끼를 구제해 하늘의 아이들로 변화시켜야 한다. 그러나 그의 인식은 웃는 법과 질투하지 않는 법을 배우지 못했다. 솟구쳐 나오는 그의 열정은 아직도 아름다움 안에서 고요해지지 않았다. 진실로, 그의 욕망은 충만함이 아니라 아름다움 안에서 침묵하며 잠잠히 있어야 한다! 우아함은 큰마음을 품은 자의 관대함에 속한다.

팔을 머리에 올려 두는 것, 영웅은 이렇게 쉬어야 하고 이렇게 자신의 휴식을 극복해야 한다. 그러나 영웅에게는 바로 모든 일 중에서 아름다운 것이 가장 어렵다. 아름다운 것은 어떠한 광포한 의지로도 얻을 수 없는 것이다.

조금 더 많거나, 조금 덜 있는 것, 바로 이것이 아름다울 것에는 중요하고, 또 가장 중요한 것이다. 근육이 이완된 채 의지의 안장을 풀고 서 있는 것, 이것이 그대들 모두에게 가장 어려운 일이다. 그대 숭고한 자들이여!

샤론 르벨편

새벽 3시

사람을 가려서 사귀어라

입으로는 무슨 말을 해도 실제로는 영적 가치에 따라 살지 않는 사람들이 많습니다. 따라서 사람을 조심해서 사귀십시오. 사람은 함께 어울리는 사람의 습관을 모방하기 마련입니다. 우리는 모르는 사이에 다른 사람들의 이익, 의견, 가치, 또 사건을 해석하는 습관을 채택합니다. 무엇이 가치 있고 무엇이 가치가 없는지 분간하는 훈련을 받지 못한 사람들은 의도는 좋더라도 당신에게 해로운 영향을 줄 수 있습니다.

어떤 사람이 당신한테 잘해 준다고 해서 꼭 그 사람과 많은 시간을 보내야 합니까? 당신을 찾는다고 해서 당신이나 당신의 일에 관심이 많다고 해서 꼭 그들과 사귀어야 합니까?
이웃으로 사귈 사람들을 선별하십시오.

그런 사람들은 당신의 운명에 영향을 줄 수 있습니다. 세상에는 유쾌하고 재능 있는 사람들이 가득합니다. 그러나 중요한 것은 당신을 향상시키는 사람들과 함께 있을 때 당신의 가장 좋은 모습을 보여주게 되는 사람들하고 사귀는 것입니다. 하지만 도덕적 영향은 쌍방향이라는 것을 잊지 말고, 우리 역시 함께하는 사람들에게 우리의 생각, 말, 행동으로 긍정적 영향을 주도록 해야 합니다. 어떤 사람이 얼마나 훌륭한지 보려면 흔히 무시해 버리는 작은 행동에 얼마나 주의를 기울이는지 보면 됩니다.

늘 자신에게 물어보십시오. "내 친구, 이웃, 상사, 부하, 동료에게 영향을 주는 나의 생각, 말, 행동은 어떠한가. 나는 만나는 모든 사람의 영적 발전에 도움을 주기 위해 내가 할 바를 하고 있는가?" 스스로 모범이 됨으로써 다른 사람에게서 가장 좋은 모습을 끌어내는 것을 당신의 외무로 여기십시오.

감동 스토리

못 다한 한 마디 '사랑해'

불교에서는 부부(夫婦)는 전생(前生)에 원수(怨讐)였다는 말이 있다. 그 만큼 부부생활은 어렵다는 뜻이다.

결혼한 사람이면 알겠지만 피차 모르던 남자와 여자가 함께 산다는 것이 결코 쉬운 일이 아니다. 남자는 여자가 되어 보기 전에는 아내를 완전히 이해한다는 것이 불가능하고, 여자는 남자가 되어 보기 전에는 남편을 완전히 이해한다는 것이 불가능하기 때문이다.

아래 글은 한 부부의 이야기로 부부로 산다는 것은, 무엇인가를 알려주는 슬프면서도 감동적인 내용이다.

결혼 30년차인 이 부부는 합의이혼을 했다. 결혼하고 살면서 항상 의견이 맞지 않아 부부싸움이 끊이지 않았다.

성격이 전혀 달랐던 두 사람은 아이가 아니었다면 진즉에 갈라섰을 것이다. 자녀가 성인이 되고 결혼도 해서, 더는 부모의 손길이 필요하지 않았다. 결국 이들은 의미 없는 싸움에 종지부를 찍고, 서로의 노년(老年)을 자유롭게 보내기 위해 이혼(離婚)을 합의했다.

두 사람은 이혼절차를 밟고 구청에서 나왔다.

그때 남자가 같이 저녁을 먹자는 말을 꺼냈다. 여자는 이혼해도 서로 철천지원수가 아니고, 어제까지 먹었던 밥을 오늘이라고 같이 못 먹을 이유가 없다는 생각에 같이 먹기로 했다. 식당에서 밥을 먹기 시작하자 종업원이 생선구이 한 접시를 가지고 왔다. 남자는 바로 생선 한 점을 집어 여자에게 주었다.

"먹어, 당신이 제일 좋아하는 거잖아?"

뜻밖에 여자는 눈시울을 붉히며 말했다.

"당신은 항상 이래! 항상 자기가 옳고 너무 가부장적이야. 항상 자기 혼자 결정하고 다른 사람 기분은 생각도 않지? 결혼한 지 30년이나 됐는데, 내가 제일 싫어하는 게 생선이란 걸 아직도 몰라?"

이어서 남자가 목이 메어 말했다.

"당신은 항상 당신을 생각하는 내 마음을 몰라. 나는 언제나 어떻게 하면 당신을 기쁘게 할 수 있을까 생각한단 말이야. 항상 당신에게 제일 좋은 것을 주고 싶었어. 알아? 내가 제일 좋아하는 게 생선구이가 아니고 생선탕수야."

이처럼 서로를 깊게 사랑했던 두 사람은 서로의 문제를 이해하기에 헤어졌다. 사랑이 문제일까, 아니면 결혼이 문제일까?

두 사람은 밥을 먹고 난 뒤, 여자는 동쪽으로 남자는 서쪽으로 각자의 길을 갔다. 그들은 서로 후회하게 될까 봐 한 달 동안 서로 전화하지 않기로 약속했다. 남자가 두 정거장을 지났을 때, 핸드폰이 울렸다.

여자의 전화였다. 그는 망설이다 전화를 받지 않았다. 남자는 집에 돌아와 밤새워 뒤척이며 잠을 이루지 못했다. 폐부 깊숙이 통증이 밀려와 그를 괴롭혔다. 남자는 계속 고민하다 결국 고통을 삼키며 갓 이혼한 아내에게 전화를 걸었다.

자신이 속으로 얼마나 후회하고 있는지 말하고 싶었다. 하지만 아내는 전화를 받지 않았다. 다시 몇 번이나 계속 전화하니 결국 상대방이 전화를 받았다. 그런데 들려오는 것은 어떤 낯선 남자의 목소리였다.

"여보세요!"

남자는 마음이 무너지는 것 같았다. 헤어진 지 얼마나 되었다고 그새 남자를 만나고 있다니!

울컥해서 전화를 끊으려 할 때, 그 낯선 남자가 말했다.

"실례합니다만, 이 여자분 남편 되시나요? 핸드폰에 남편이라 돼 있네요!"

"네, 제가 남편입니다만 누구세요?"

남자의 말에는 적의(敵意)가 묻어났다.

"아, 저는 XX병원 의사인데요, 여기로 빨리 오셔야겠어요. 부인께서 교통사고를 당하셔서 지금 응급 처치중입니다!"

남자는 날벼락을 맞은 듯 놀라 쏜살같이 병원으로 달려갔다. 여자는 남자와 헤어지고 얼마 되지 않아 멍하니 건널목을 건너다 차에 치인 것이었다. 그녀는 의식을 잃기 전 남자에게 전화했지만 남자가 받지 않았던 것이다.

"의사 선생님, 저희 아내 어떻게 된 건가요? 제발 좀 살려주세요! 무릎이라도 꿇으라면 꿇겠습니다!"

남자는 이렇게 말하며 의사 앞에 무릎을 꿇었다. 의사는 황급히 남자를 일으키며 말했다.

"최선을 다하는 중입니다. 지금 수술 중인데, 머리에 심한 충격을 받아 깨어난다 해도 식물인간이 될 가능성이 큽니다. 마음의 준비를 하셔야겠습니다."

남자는 텅 빈 병원 복도에서 초조하게 왔다 갔다 하며 수술이 끝나기를 기다렸다.

'만약 아내가 죽으면 나는 어쩌지? 어떻게 나라는 인간을 용서할 수 있을까?'

응급실의 불이 꺼지고 의사들이 무거운 표정으로 수술실에서 나와 남자에게 다가왔다.

"최선을 다했지만 아내 분은 내일 아침을 넘기지 못할

것 같습니다. 들어와서 보세요."

 남자는 자신의 잘난 자존심 때문에, 사랑하는 사람이 상처를 안고 죽게 됐다는 생각에 비통해 하며 병실로 들어섰다. 침대에 누워 있는 여자는 본래의 모습을 찾아볼 수 없을 만큼, 눈과 입만 나온 채 얼굴이 온통 붕대로 감겨 있었다.

 마음이 찢어지는 듯했다. 남자는 침대 앞으로 다가가 말했다.

 "여보, 내가 늦었지?"

 말을 채 끝마치기도 전에 눈물이 쏟아졌다. 여자의 손을 잡으려 할 때, 남자는 놀랍게도 여자의 눈이 젖어 있는 것을 발견했다. 두 줄기 눈물이 붕대를 적셨다.

 여자의 입술은 무언가를 말하고 싶은 것처럼 떨렸다. 남자는 급히 귀를 대고 희미한 소리를 들었다.

 "나…… 나는 당신이 만든…… 면(麵)이 좋았어. 그리고……. 나는…… 당신을……."

 말이 끝나지 않았는데, 여자의 입은 움직이지 않았다. 여자는 이제 이 세상 공기로 숨을 쉴 수 없게 되었다. 남자는 더는 자신의 감정을 억누르지 못하고, 펑펑 울었다.

 '면! 아내가 아직도 그 면 요리를 기억하다니?'

 그는 긴 결혼생활 동안 딱 한 번 아내가 아팠을 때, 면 요리를 만들어 준 적이 있었다! 하지만 정말 맛이 없었던 면이다. 그것을 아내는 제일 맛있다고 기억하고 있었다. 남편이 해 준 요리였기 때문이다.

한 달 후, 남자는 집 정리를 하던 중 서랍에서 보험증서를 발견했는데, 가입일은 두 사람이 결혼한 날짜였고 수혜자는 남자였다.

"사랑하는 남편, 당신이 이 보험 증서를 발견했을 때, 나는 이 세상에 없을 거야. 우리가 어떻게 되든, 이혼하든, 아니면……. 하여튼 이것 하나만 알아둬! 당신을 사랑하는 내 마음은 항상 변함없었음을. 나는 떠나지만 이 보험금이 나 대신 당신을 잘 돌봐줄 거야. 내가 당신 옆에 있는 것처럼 말이야. 천국에서도 계속 당신을 사랑할게!"

여기까지 읽고 남자는 눈물범벅이 되었다. 아내는 죽는 그 순간에 그에게 '사랑해'라고 말하고 싶었던 것이다! 생명은 나약하고 인생은 짧습니다. 우리가 '사랑해'라는 말을 몇 번이나 더 할 수 있을까요? 체면이나 자존심은 진정한 사랑과 생명 앞에서 허무하게 무너질 뿐입니다.

조금만 너그럽게 굴 걸, 조금만 감싸줄 걸, 조금만 이해할 걸……. 우리의 인생에 절대 이런 후회를 남기지 말아야 합니다. 만약 남긴다면 우리들은 진정으로 사랑하는 사람이 마지막으로 하는 '사랑해'라는 말을 놓칠지도 모릅니다. 그러면 아무리 후회해도 사랑이 듬뿍 담긴 그 말을 다시는 들을 수 없습니다. 사랑하는 사람에게 '사랑해'라는 말을 하지 않을 이유가 있을까요?

인생은 길지 않으니까, 곁에 있는 사람에게 잘 대해 주어야 합니다. 다음 생애에 만날 수 있을지 없을지는 모르니까요.

'백년의 인연이 있어야 같은 배를 탈 수 있고, 천년의 인연이 있어야 같은 잠자리에 들 수 있다'는 말이 있습니다. 그 만큼 부부의 인연은 깊은 것입니다. 늘 변함없이 가까이 곁을 지켜주는 가족인데도, 바쁘게 살다 보면 소중함을 잊기 쉽습니다.

그러나 '사랑한다는 말'은 사랑 표현이며, 한 가족 부부를 이어주는 힘이 되어주는 원동력입니다.

오늘은 배우자에게 "수고 많았네, 사랑해!"라고 한번 해보시길 바랍니다. *(카카오 톡에서)*

* 이 글은 카카오 톡에 올려 널리 알려진 감동적인 이야기라 원작자를 모르는 채 선택하여 독서권장 차원에서 올렸습니다. 원작자님께 양해와 감사를 드립니다.

역지사지 '한밤의 기다림'

아무리 작은 소리도 자정이 지나면 귀에 거슬린다.
하물며 반복되는 기계음 소리는 말할 것도 없다.
지난달 이사 온 위층에서 새벽 1시가 지나면 어김없이 모터 작동 소리가 들렸다. 짜~익 짜~익……. 끊어질듯 이어지고 이어졌다 멈추기를 수십 차례 반복했다.
참! 예의도 없다. 한밤중에 어쩜 저렇게 염치없는 짓을 할까? 아랫집에 인내력 시험하는 것도 아니고 온갖 투정이 났지만 내일은 그치겠지 하고 꾹꾹 참고 지낸 지 벌써 한 달을 넘겼다.
가끔 층간 소음으로 이웃 간 다툼이 있다는 기사를 볼 때마다 '역지사지하지. 서로 조금만 이해하지.' 하며 탓하였는데 나도 어쩔 수 없었다. 인내력에 한계가 느껴졌다.
며칠을 벼르다 오늘 아침 일찍 단단히 맘을 먹고 올라갔다. 초인종을 길게 눌렀다.
'딩동댕 딩동댕.'
"누구세요?"
"아랫집입니다."
90을 전후한 할머니가 잠을 설치셨는지 눈을 비비시며 빠끔히 문을 열었다.
"아랫집에서 왔습니다. 날마다 잠을 잘 수가 없습니다."
"그렇잖아도 밤마다 죄송스러웠는데 미처 양해를 드리지

못했네요. 사실은 며늘아기가 심장질환으로 주기적으로 인공호흡을 바로 하지 않으면……."

고개를 반쯤 숙이시며 말을 잇지 못하셨다. 당황스러웠다.

"아닙니다. 죄송합니다. 그런 줄도 모르고……."

이번엔 내가 고개를 숙이고 용서를 빌었다. 순식간에 원고와 피고가 바뀌어버린 것이다. 단단히 맘먹고 왔는데 예상치 않은 복병이 상황을 한방에 역전시켰다. 그리 길지 않은 침묵이 서로를 위로하고 있었다. 계단을 내려오는 걸음이 알 수 없는 이유로 무거웠다.

나는 안다. 인공호흡기의 공포를. 30년 전 성모병원 응급실에서 딸아이의 가늘어진 숨을 이어주던 그 기계음의 처절함을. 다시는 만날 수 없는 이별을 앞두고 숨 죽이며 들었던 기계음 소리가 아련하게 들렸다.

'찌~익 찌~익'

저녁 무렵, 위층 할머니가 알이 굵은 복숭아 한 상자를 들고 내려오셨다.

"아닙니다. 할머니."

순간 당황스러웠다. 도저히 받아서는 안 될 선물이기 때문이다. 오히려 내가 전심을 다한 위로의 선물이라도 전해야 할 입장인데 난감했다.

남의 아픔을 나누진 못할망정 그걸 핑계로 선물을 받는다는 건 파렴치범이나 하는 짓이 아닌가?

"이러시면 안 됩니다."

극구 사양했지만 막무가내 손을 저으시며 커다란 상자를 문앞에 놓고 쏜살같이 올라가 버리셨다.

그날 이후, 자정이 지나도 그 모터소리가 들리지 않으면 불안했다. 잠을 이룰 수가 없었다.

혹시나? 아랫집 생각하며 힘들어도 참고 계신 건 아닌지…….

듣기 거북하던 그 소리가 기다려진다. 마침내 밤공기 뚫고 찌~익 찌~익 기다리던 그 기계음 소리가 아련히 들리는 순간! 휴우, 휴우 나도 모르게 가슴을 쓸어내렸다.

왜 이제 울려! 얼마나 기다렸는데 한 영혼이 소생하는 소리, 천사 같은 시어머니 사랑이 탄로 나는 소리! 세상에서 가장 아름답고 포근한 소리인데!

'역지사지' 남의 입장에서 생각해 보라는 사자성어다.

그럼에도 남의 입장을 꼼꼼히 새기지도 못한 얼치기 역지사지가 얼마나 많은가?

혹시 저만의 은밀한 예외를 숨긴 성어가 아닌가?

나라면 그리 하지 않았을 텐데 하는 막연한 이해는 공허한 투정이다. 남의 형편을 온전히 알기 전까지는!

오늘 밤에도 한밤중에 울리는 그 소리를 기다리고 있다. 행여나 울리지 않을까 은근히 걱정된다.

울려라. 울려, 울려. 울려야 한다!

햇 포도가 나오면 알이 튼실한 것으로 한 상자를 놓고 와야겠다. 아무도 모르게.

- 대전에 사는 친구가 전한 이야기입니다 -

* 이 글은 카카오 톡에 올려 널리 알려진 감동적인 이야기라 원작자를 모르는 채 선택하여 독서권장 차원에서 올렸습니다. 원작자님께 양해와 감사를 드립니다.

독후감

한필순 박사와

정년퇴임한 최초 대통령

전두환은 1980년 8월 21일부터 1981년 2월 24일까지 7개월 동안 최규하의 잔여임기를 채웠다. 그리고 유신헌법에 보장된 7년 동안의 임기인 1981년 2월 25일부터 1988년 2월 24일까지 제12대 대통령직을 수행했다.

그가 취임했을 때 한국경제는 임종의 순간을 맞고 있었다. 세계는 예외 없이 1974년의 제1차 오일쇼크에 이은 제2차 오일쇼크에 휩싸였다.

빚이 많은 기업들은 고환율에 시달렸다. 도매물가 상승률이 44.2%, 자고 나면 물가가 오르니까 돈이 조금이라도 있는 사람은 너도나도 사재기를 했다.

사재기를 하니까 상품과 곡식이 품귀현상을 일으켜 물가는 더욱 가파르게 올랐다. 한국경제가 '한강의 기적'이라는 명성을 얻자 해외 은행들은 한국기업이 꿔 달라면 달라는 대로 마구 꿔줬다.

기업들은 대개 기계를 사용하는 조립기업들인데다 공단에 옹기종기 몰려 있어 서로 질투를 했다. 새로운 제작기계들을 수입하는데 경쟁적이었던 것이다. 이런 식으로 중복투자를 하다 보니 생산이 과잉되어 공장 가동률이

10% 이내로 추락했다. 이웃에 자랑했던 비싼 기계들이 애물단지가 되었다.

돈이 벌리지 않는 기업들은 외채를 갚을 능력이 없어 외채를 얻어 이자를 갚는 처지들이 됐다. 기업에는 돈이 고갈되고, 개인들은 사재기에 돈을 써버리기 때문에 저축이 없었다. 저축이 없으니 기업들은 한국의 은행에서 돈을 꾸지 못하고 외국은행에서만 돈을 꾸어 썼다.

IMF가 코앞에 다가와 있었던 것이다. 이것이 박정희 대통령 말기의 한국경제였다. 경제를 아는 모든 식자들이 한숨을 내쉬고 있었다. 바로 이런 경제의 임종시기에 전두환이 대통령으로 올라섰다. 그는 육사생도 시절에 축구 선수였다. 사람들은 그가 무슨 경제를 알겠느냐고 걱정들을 했다.

군 출신이 물에 빠진 경제를 무슨 수로 건져 올릴 수 있겠느냐, 한참 걱정들을 하고 있을 때, 전두환은 어이없게도 88국제올림픽을 유치하겠다며 팔을 걷어붙였다.

"석두야, 석두~ 미치지 않고서야~ 에휴~ 답답해…"

하지만 그는 저돌적으로 밀어붙였다. 드디어 그는 만세를 불렀다. 1981년 9월 30일, 독일의 남쪽 도시 바덴바덴에서 사마란치 위원장이 서울 52표, 나고야 27표로, 서울을 88올림픽 개최지로 선포한 것이다.

전두환은 환희에 차 있었지만 주위의 모든 참모들과 각료들은 감당할 대책이 없어 한숨만 내쉬고 있었다. 전두환에게 대책은 있었는가?

　도대체 무슨 돈으로, 도대체 무슨 실력으로 경제를 극복하고 그 많은 투자비를 마련하겠다는 말인가! 1981년 1월 20일, 전직 영화배우 레이건이 미국 대통령으로 취임했다.

　전두환은 레이건에서 돌파구를 찾으려 했다. 너무나 엉뚱해서 누구와 의논할 수도 없었다. 그는 가까이 지냈던 초대 연합군사령관 베시 대장에게 간곡히 부탁해 레이건을 빨리 만나게 해달라고 간청했다.

　전두환은 레이건을 유혹하기 위해 두 가지 낚싯밥을 전했다. 하나는 박정희 대통령이 추구해 왔던 핵무기 개발을 일체 중단하고, 핵을 에너지로만 사용하겠다는 것이었고, 다른 하나는 박정희 대통령이 제한했던 자유를 대폭 완화하겠다는 것이었다.

　이는 레이건 대통령이 매우 반길 수 있는 미끼였다. 여기에 더해 레이건은 대 공산권 매파였고, 전두환도 대 공산권 매파라 코드가 일치했다. 레이건에게는 '회색주의자인 카터'가 어지럽힌 동맹관계를 복원시키는 일이 가장 중요한 급선무였다. 수많은 동맹국들이 있지만 그 중 가장 모범적인 동맹이 한국이었고, 한국은 미국 외교정책의 대표적인 성공 케이스였다. 그래서 레이건은 외국 정상 중 가장 먼저 전두환을 만나기로 했고, 만나는 그 날은 취임한 지 불과 13일 만인 2월 2일이었다.

"각하, 세계 정상들 중에서 본인을 가장 먼저 만나주신 것은 본인에게 크나큰 영광입니다. 각하께서 미합중국 대통령으로 취임하시게 된 것을 진심으로 축하합니다."

"감사합니다, 전두환 대통령 각하. 먼 길 오시느라 수고하셨습니다."

"각하, 저는 각하를 도와 드리고 싶어 뵙기를 청하였습니다."

이 엉뚱한 말에 회담장에 있는 미국 사람들은 물론 동행했던 참모진과 장관들 모두가 놀라고 긴장했다. 모두의 눈이 휘둥그레졌다.

이제까지 한국 대통령이 미국 대통령을 만나면 원조 액수를 늘려 달라, 신형 전투기를 사게 해달라는 등 아쉬운 말부터 했는데, 그런 한국이 무엇을 가지고 미국을 도와주겠다는 것인가? 회담공간에 숨소리조차 멎어 있었다.

"각하, 죄송한 질문이지만 미국 캘리포니아주 연간 GNP가 얼마인지 아십니까?"

정상회담에 어울리지 않는 뜬금없는 질문이었다. 하지만 질문에 대한 답은 레이건도 모르고, 그 자리의 그 누구도 알지 못했다. 또다시 장내는 고요하게 얼어붙었다.

"각하, 제가 알아봤더니 연간 800억 달러입니다. 그럼 대한민국의 연간 GNP가 얼마인지 아십니까?"

또다시 조용해졌다.

"600억 달러입니다."

모두가 놀랍다는 듯 입을 벌렸다. 한국의 GNP가 미국의 1개주의 것보다 적다니!

"그럼 일본의 연간 GNP는 얼마인지 아십니까?"

아무도 몰랐다.

"1조 1,600억 달러, 한국 GNP의 20배입니다. 각하, 대한민국은 자유진영의 최일선에서 이 보잘 것 없는 GNP에서 매년 6%를 떼어내 공산세력과 싸우고 있습니다. 그래서 경제가 거의 파탄 날 위기에 직면해 있습니다. 반면 부자나라 일본은 GNP의 0.09%만 떼어내 방위비로 사용하고 있습니다. 일본은 분명 땀을 흘리는 대한민국의 그늘에서 무임승차를 하고 있는 것입니다. 이는 공정하지 않습니다. 저는 미국의 돈을 달라고 하지 않습니다. 일본 돈을 제게 주십시오. 그러면 그 돈으로 저는 미국으로부터 전투기도 사고 탱크를 사겠습니다."

레이건 대통령의 얼굴에 희색이 돌았다. 신선한 충격을 느낀 것이다.

"전두환 대통령 각하, 얼마가 필요하신가요?"

"일단 일본에 각하의 뜻만 알려주십시오. 액수는 실무선에서 해결하겠습니다."

이 말에 가장 놀란 사람들은 대통령을 수행한 참모진과 장관들이었다. 자기들로서는 꿈에도 상상할 수 없는 돈키호테식 발상이었기 때문이다. 그리고 이내 자기들끼리 너무 엉뚱하다며 수군거렸다.

그 후 2개월이 지났다.

1981년 4월 22일, 전두환은 외무라인을 통해 일본 스즈키 수상에게 100억 달러 청구서를 보냈다. 일본측 역시 경기를 일으켰다.

"뭐라고? 100억 달러? 동그라미가 하나 더 붙은 거 아니야? 10억 달러라 해도 너무 무례하지, 도대체 근거가 뭐야? 무례가 지나치구먼, 대꾸도 하지 마."

전두환 주변에서도 전두환은 매우 엉뚱하고 이상한 사람이라고 수군거렸다. 국제망신이라고까지 했다.

이듬해인 1982년 1월 27일에 '나카소네'가 수상에 올랐다. 나카소네는 관례에 따라 서둘러 레이건 대통령을 만나러갔다. 그리고 1년 후인 1983년 1월 11일, 나카소네가 한일정상회담을 제안해 한국을 방문하여 두 차례에 걸쳐 정상회담을 했다.

"전두환 대통령 각하, 그동안 일본은 사실 한국에 대해 미안한 입장에 있었습니다. 제가 최소한 60억 달러 정도를 마련해 보려고 백방 노력했습니다. 그런데 60억 달러를 마련하려면 제 위치가 흔들릴 수 있어서 최대한으로 마련한 것이 40억 달러입니다. 이 돈을 수용해 주시면 감사하겠습니다."

60년 전인 1965년.

박정희 대통령이 일본에서 받아낸 돈이 8억 달러이다. 40억 달러면 5배가 아니던가! 나카소네는 전두환보다 13

년 연상이다. 이후 전두환과 나카소네는 친구처럼 형제처럼 우정을 나누었다.

전두환이 임기를 끝내자 레이건과 나카소네는 각기 사인(私人)이 된 전두환을 초청해 융숭한 대접을 했다. 이런 대접을 받은 사람이 우리나라엔 전두환 말고 없다.

한강은 서울의 아이콘이다. 1965년에 350만이었던 인구가 팽창하여 천만이 되었다. 상수도 소요량이 팽창했지만 그 취수원인 한강은 날이 갈수록 오염이 심화되었다.

공장폐수, 축산폐수, 인분이 유입되고 주변을 감싸고 있는 논과 밭으로부터 또 다른 축산물의 인분과 퇴비가 마구 유입됐다. 가뭄이 들면 바닥이 드러나 악취가 먼 거리에서까지 진동하고 홍수가 나면 논과 밭이 쓸려나갔다.

'한강종합개발사업'

전두환은 일본에서 받은 40억 달러 중 10억 달러를 털어내 시궁창 급의 한강을 오늘날의 아름다운 예술품으로 바꾸었다. 한강 양안을 따라 54.6km의 초대형 콘크리트 관을 묻어 한강으로 유입되는 모든 오폐수를 통과시켜 중랑, 탄천, 안양, 난지에 있는 하수처리장으로 보내 정화시켰다.

210만 평의 고수부지를 만들고, 그 위에 유원지, 낚시터, 자연학습장, 주차장, 자전거도로, 산책로, 체육공원 등을 조성하고 강에는 유람선을 띄우게 했다. 수중보를 설치해 한강을 홍수도 없고 가뭄도 없는 평균 폭 1km의

기나긴 호수로 가꾸었다.

88올림픽도로로 명명된 한강변 남로와 북로를 건설하고 수많은 교량을 건설하고 중랑천까지 개발해 그 양쪽을 달리는 중부간선도로를 건설했다.

일본 돈으로 지하철공사를 설치하여 3~4호선을 건설했고, 방대한 올림픽촌과 올림픽공원, 체육촌을 건설하여 올림픽 역사상 가장 성대한 올림픽을 치렀다.

1988년 9월 17일부터 10월 2일까지 16일 동안 열린 88올림픽에는 자유진영 국가와 공산진영 국가가 모두 참여하여 보이콧 없는 첫 올림픽이 되었다. 160개국으로부터 선수들과 관람객이 모였고, 104억의 세계인들의 시선을 끌어 아름답고 자유로운 분위기와 도우미들의 친절한 모습을 보여줌으로써 공산권의 와해에 커다란 동력으로 작용했다. 관광객이 늘어나서 김포공항으로는 소화를 하지 못해 인천공항을 건설하게 되었다. 국력이 한순간에 팽창된 것이다.

제2의 포항제철,

한국형 원자로!

지금 현재 독자적 핵연료봉과 원자로를 보유한 나라는 미국, 한국, 중국, 러시아 4개국뿐이다. 한국형 원자로는 외화벌이 수단일 뿐만 아니라 외교 분야에서 대한민국의 위상을 높이는 외교수단이기도 하다.

당시 한국이 원자로의 독자 모델을 개발한다는 것은 과

학계의 불가사의로 통했다. 불가능을 가능으로 바꾼 지도자가 바로 전두환이었다.

1983년 7월, 전두환은 한전, 에너지연구소, 원자력연료주식회사, 한국중공업 등을 망라하여 상시 회의체인 '원자력발전 기술자립촉진 대책회의'를 가동시켰다.

핵연료 국산화가 첫 목표였다.

한필순 박사가 주도하는 기술팀이 '중수로' 연료 국산화에 쾌거를 올렸다. 전두환은 한필순 박사에게 가능성을 걸었다. 현장에 나간 전두환은 한필순 박사에게 "적극 지원할 테니 '경수로' 연료를 국산화하시오."

전두환은 그의 의지를 한필순의 손을 꼭 잡아주는 것으로 표현했다. 전두환은 한필순을 대덕공학센터의 센터장 자리와 핵연료주식회사 사장 자리를 겸임시켰다. 그를 상시적으로 도와주기 위해 한국중공업 사장인 박정기를 한전사장으로 임명했고, 김성진 박사를 체신부장관에서 과기처 장관으로 옮겼다.

박정기는 전두환의 육사 3년 후배였고, 김성진은 동기생이었다. 에너지연구소가 경수로 원료를 개발하려면 한전으로부터 용역을 받아야 하고, 한전의 예산을 배정해 주는 권한은 과기부장관에 있기 때문이었다.

경수로 연료봉 자체개발은 중수로 연료를 개발하는 것보다 한층 더 어려운 과제였다. 이렇게 적극적으로 밀어주었기에 경수로 연료봉은 1983년에 완전 국산화가 됐다. 핵연료는 비싸기도 했지만 해외공급업체의 거드름이 이만저만이 아니었다. 원자로는 가동되고 있는데 연료를 구하지 못하면 어떻게 되겠는가? 사실상 종속국이 되는 것이다.

이러한 굴욕에서 벗어나기 위해 전두환이 앞장선 것이다. 한숨 돌린 전두환과 한필순은 1984년에 다시 만났다. 전두환이 한필순을 청와대로 불러 활짝 웃으면서 한필순의 손을 두 손으로 감쌌다.

위대한 업적을 이룩한데 대해 경의를 표한다고 추켜올렸다. 사실 그러했다. 한필순은 또 무슨 일을 시키려나 하고 긴장했다.

"한 박사, 한국형 독자 원자로, 누구의 간섭도 받지 않을 독자기술로 만들 수 없소?"

이크, 올 것이 왔구나 하고 놀란 한 박사, 대답이 궁했다. 사실 이건 100% 불가능한 주문이었다.

"각하, 그건 좀……"

이 표현에 전두환 얼굴이 일그러졌다.

"안 된다는 거요?"

"사실 그건 불가능합니다. 한국기술이 거기까지 가려면 요원합니다. 불가능하다는 것이 한국 원자력 전문가들의 공통적인 인식입니다."

이 말이 목구멍까지 올라왔다. 하지만 어느 안전이라고 이런 말을 하겠는가? 한동안 말을 꺼내지 못했다. 눈치

빠른 전두환이 한필순의 마음을 읽고 물었다.

"이보게 한 박사, 포항의 모래바닥에 포항제철을 누가 건설했소?"

"그어야 박태준 회장이 박정희 대통령 각하의 지원으로 건설했습지요."

"포항제철도 맨땅에 헤딩해서 건설했으면 한국형 원자로도 맨땅에 헤딩하면 개발할 수 있는 것이 아니오?"

한 박사는 할 말을 잃었다.

"한 박사가 박태준이 되든지, 박태준을 구해 보든지 하시오. 얼마면 되겠소?"

10년이라 말해도 거짓말인데, 10년이라고 말하면 곧 벼락이 떨어질 것만 같았다.

"네, 5년만 주십시오."

"알았소. 적극 지원하겠소. 가보시오."

청와대에서 나온 한필순은 지옥문을 통과한 기분이었다. 사무실에 돌아온 그는 며칠간 식음을 전폐했고, 얼굴에 노랑 병이 걸렸다.

"청와대 다녀오시더니 왜 저러시나?"

주위에서 수군거리기 시작했다. 선임연구원 이병령 박사가 한 박사를 찾아갔다.

"소장님, 무슨 고민 있으십니까?"

한필순이 고민을 털어놨다. 그런데 이병령이라는 젊은 박사에서 당찬 소리가 나왔다.

"에이, 소장님, 그까짓 거 가지고 웬 고민을 그렇게 하십니까? 이 세상에 없는 물건도 아니고, 다른 사람들이 개발한 것 아닙니까? 그 사람들도 했는데 우리라고 왜 못합니까? 제가 앞장서겠습니다."

의외의 이 시원시원한 말에 한필순의 노랑 얼굴에 화색이 돌았다.

"그래 이 박사, 고맙다. 우리 한번 해보자."

1985년 7월, 프로젝트는 에너지연구소가 한전으로부터 한국형원자로 개발사업 용역을 받는 단계로부터 출발했다. 에너지연구소가 원청업체가 되어 설계기술을 가진 미국 CE(컨버스천 엔지니어링)를 하청업체로 선정하는 묘안을 짜낸 것이다. 이병령 박사는 70여 명의 과학자들을 인솔하고 미국 CE사에 가서 원자로 설계를 함께 개발했다. 이것이 한국형 원자로가 되었고 이 기술로 영광 3~4호기, 이어서 울진 3~4호기가 건설되었다.

이렇게 피땀으로 개발한 자랑스러운 기술을 파괴하려는 정치인이 있었다는 것은 불행한 일이다.

* 이 글은 카카오 톡에 올려 널리 알려진 감동적인 이야기라 원작자를 모르는 채 선택하여 독서권장 차원에서 올렸습니다. 원작자님께 양해와 감사를 드립니다.

‖ 독후감 ‖

세종대왕 실록

최강일

조선의 4대왕 세종임금은 위대한 왕으로 고명한 인격자이며 걸출한 인물이었다. 그에겐 인재를 알아보는 눈이 있었고, 사람을 적재적소에 배치하는 남다른 용인술이 있었으며, 신분을 따지지 않고 능력을 살 줄 아는 폭넓은 아량이 있었다. 왕이기 이전에 한 사람의 과학자였고, 인간미 넘치는 선비였으며, 공평무사한 판관이었다.

조선의 여명기에 어렵게 왕위에 오른 세종은 불안한 정국과 위태로운 지위를 극복하고, 우리 역사상 가장 찬란한 시대를 연 위대한 지도자였다. 허례와 격식을 벗어던진 남다른 인재 용인술로 재능 있는 사람들에게 날개를 달아주었고, 수준 높은 문화를 다졌다. 실리적인 외교와 한글 창제, 영토개척과 왕도정치 구현 등 전방위에 걸친 업적과 유산은 이후 조선왕조 500년의 기틀과 씨앗이 되었다. 방대한 세종실록을 바탕으로 세종시대의 진면목을 확인하고, 즉위전의 성장과정에서부터 세종의 됨됨이와 주변 인물들과 세종과 그 시대를 생생하고 온전한 역사로 알려준다.

세종실록은 조선왕조실록의 10% 정도나 되며 권당 400쪽으로 약 45권 분량이나 된다. 세종시대의 주요 인물들의 행적을 살피고, 성공과 실패여부를 판단하려면 태조실록, 태종실록, 문종실록, 단종실록, 세조실록까지 살펴야 한다. 다른 시대엔 쓸모없는 지식으로 여겨지던 것들도 그의 시대에서는 부흥의 밑거름이 되어서, 그의 시대에 만들어진 보석들은 조선왕조의 주춧돌이 되고 대들보가 되었다. 태종의 업적 중에 가장 위대한 것이 있다면 그것은 바로 세종을 왕으로 세운일이 아닐까.

　세종은 한양에서 태조 이성계의 5남 방원의 3남으로 태어났다. 태종 13년 충녕대군에 봉해졌다. 어릴 때부터 학문에 대한 열성이 대단하여 늘 책을 끼고 살았다. 그의 학문은 날이 갈수록 깊어졌고, 어느새 당대의 모든 학자들이 그의 학문적 깊이를 인정했다. 그는 사서삼경은 물론이고 주역에도 정통했다. 충녕은 큰일에 임하여 대의를 결단하는 데에는 당세에 견줄 사람이 없다고 부왕 태종은 말했다고 한다. 그는 총명할 뿐 아니라 왕자들 중 성격이 가장 어질고 동정심도 많았다고 한다. 충녕은 거의 모든 문제에서 형인 양녕과 의견을 달리했다.

　충녕은 도리에 어긋나고 위신을 손상하는 행동은 절대로 그대로 넘기지 않는 성품이었다.

　양녕대군은 전혀 다른 가치관을 가진 인물로 자유주의자였고 쾌락주의자인 반면, 충녕은 원칙주의자이자 도덕주의자 였다.

둘째 왕자인 효령대군은 몸도 약하고 융통성이 없어서, 총명하고 학문을 좋아하는 충녕대군을 세자로 삼고, 양녕은 거듭된 실책과 부왕의 냉엄한 결정으로 세자에서 폐출되어 광주로 귀양 가게 되었다. 세종이 즉위한 뒤에 양녕은 곧잘 귀양지에서 이탈하여 전국을 떠돌며 기생들과 어울리곤 했다. 그러나 세종은 종종 양녕을 대궐로 불러 술을 대접하곤 했다. 양녕은 세종과 문종을 거쳐 단종대까지 이어 세조대까지 천수를 누렸다.(1394~ 1462. 68세)

태종의 전격적인 전위

태종이 왕위에 오른 지 어언 18년이 되면서 당시 그는 중풍증세를 보이고 있었다. 세자가 태종의 뜻을 받아들였고, 태종의 의지도 확고한 만큼 전위는 이미 이뤄진 것이나 다름없었다. 태종은 세자의 자리를 충녕대군에게 넘겨주기로 한 지 불과 두 달 뒤인 1418년 8월에 전격적으로 왕위를 넘겨주었다. 그리고 보니 도성에 무려 세 명의 상왕이 머물게 되는 진풍경을 연출하게 되었다. 태종은 물러나면서도 병권만큼은 세종에게 물려주지 않았다. 언제든 정치가 혼란스러우면 복귀하겠다는 복심을 가지고 있었던 것이다. 따라서 태종이 살아있던 초기 4년의 세종의 정치는 그야말로 살얼음판 정치였다. 부친이 선택한 신하들에 둘러싸인 채 늘 부왕의 의중을 살펴야 했고 태종이 주도한 대마도 정벌을 지켜봐야 하는 처지였다.

이런 상황에서도 세종은 나름대로 자기 목소리를 내며 국사를 이끌었다. 우선 소헌왕후 심씨에 대한 폐위 문제를 왕위를 걸고 막아내는 단호함을 보였다. 또한 집현전을 확대하여 인재를 양성했으며, 장수의 질을 높이는 과거시험제를 마련했고, 소금을 국가 전매사업으로 전환시킬 토대를 마련하여 세수확장에도 주력했다. 또한 사찰의 숫자를 과감하게 줄이고, 절간의 노비를 공노비로 전환시켜 국가 재산을 확충하여 관청의 안정을 도모했다. 이외에도 대마도의 관할권을 확립하고, 외국어 관련 학문을 장려하여 외교의 기반을 강화하였다. 관료들의 의견을 경청하고 합의를 이끌어내는 방식을 취했다.

국가경영의 모범을 보인 세종

4년 후 태종 사망(1397~1450, 52세)
재위기간 : 1418~1450(31년 6개월)

태종이 1442년 사망 후 3년 상이 끝난 시점인 1444년부터 국정 운영 방식은 다소 달리했다. 국가 중대사에 해당하는 문제는 의정부와 6조 3시의 핵심 신하들에게 토론을 붙였고 의견을 취합한 후, 자신의 결정을 내놓는 방식을 취했다.

대의엔 타협 없다.

대세가 아니더라도 옳다고 판단되는 일이라면 거의 양

보하지 않고 자신의 의지를 관철시켰다. 당시의 지방관의 임기도 3년이었으나 영의정의 의견을 받아들여 임기를 6년으로 연장하여 지방관이 안정되게 하여 지방정책도 자리를 잡아갔다.

왕은 백성에게 자애로워야 한다.

세금제도 같은 것은 여론을 수렴하고, 민정을 살피는 과정을 절대로 생략하지 않았다. 흉년이 계속되면 환곡 갚기를 연기해 주며 백성들의 생활을 살폈다. (환곡·춘궁기에 쌀을 빌려주고 가을 수확기에 갚게 하는 제도)

국방은 강약조율의 결정체

세종은 사안에 따라 과감성과 세심함을 적절히 하여 국정을 조율했다. 국경을 위협하던 여진족의 침입에는 단호하게 대처하여 군대를 동원하여 과감한 토벌전을 감행했고, 여진속을 조선의 백성으로 끌어들이기 위해서는 유화책을 구사했다. 그 결과 4군과 6진을 개척하여 영토를 확장하였고 동시에 변방을 안정시켜 인구를 늘렸다.

외교의 유일한 목적은 실리뿐이다.

세종은 국력이 약하여 명나라에 대해서는 사대외교를 해야 했지만, 일본에 대해서는 대등한 외교를 이끌었고, 야인들에게 엄격함과 인자함을 동시에 드러냈다. 세종은 유난히 영토에 대한 개념이 확고한 임금이었다. 대마도가 확실히 경상도관찰사의 관할구역이라는 것을 대마도주에게 문서로 알리게 하였다.

현실주의에 입각한 종교관

억불정책을 강화하고 수많은 사찰을 헐어버렸다. 기우제나 산신제를 지내는 것도 백성들의 마음을 안심시키기 위해서라면 허용했다.

실용주의에 입각한 인재관

장영실은 비록 천민임에도 불구하고 그의 재능을 높이 평가하여 과학발전에 기여하게 하였고, 외교관계를 원활하게 하려고 사역원을 확대하고 장학제위주로 등용했다. 황희도 여러 흠결이 있었지만, 그의 뛰어난 정무처리 능력과 탁월한 대인관계를 높이 평가하여 20년 이상이나 정승자리에 있게 했다.

세종은 적재적소에 인재를 배치하고 그들의 능력을 제대로 발휘하도록 노력했다. 세종시대의 정치, 외교, 국방, 문화, 과학, 교육 등 다방면에서의 성공은 이런 실용적인 인재관에 기인한 것이었다.

병마에 시달리다.

그는 늘 병을 달고 살았다. 20대에 중풍이 왔고, 40대 초반에 시력이 나빠 고생했고, 당뇨를 앓고 있는 환자였다. 그럼에도 그는 국사에 소홀하지 않았다. 또한 끊임없이 공부했다. 그는 나름대로 병을 고치기 위해 부단히 노력했다.

고통스러운 재위 후반기

1437년 이후 전국에 기근이 계속되고 도적떼가 들끓어 백성들의 삶이 매우 곤궁하였다. 새로운 활력을 찾기 위해서 의정부 서사제 부활과 세자에게 섭정을 하도록 했다. 임금의 업무를 줄이기 위한 정책이었다. 의정부 서사제는 정책결정과정에서 의정부의 결재가 필수적이었다. 재상들의 힘이 강화된 것이다. 신하들의 힘이 강화되는 국가조직의 안정이 중요했던 것이다.

세자에게 섭정을 시키다.

의정부 서사제로 재상 정치를 이끌어낸 세종은 이번에는 세자 정치를 이끌어 내려 했다. 세종은 첨사원이라는 세자의 정무관청을 설치하여 서무 결재권을 대부분 넘겨버렸다. 그렇게 정무에서 상당히 자유로워진 틈을 타서 훈민정음 작업에 박차를 가하여 마침내 세종 25년(1443년) 훈민정음 창제에 성공한다. 눈병은 더욱 악화되었고 당뇨도 그를 몹시 괴롭혔다. 세종은 병세에 시달리며 스스로 해왔던 일들을 정리하기 시작했다. 국방과 법에 관련된 문제를 제외하곤 세자에게 모든 정무를 넘겨버렸다. 평생의 반려자 소헌왕후의 죽음도 지켜봐야 했다.

죽음을 맞이하다

세종은 재위 31년 6개월만인 1450년 2월 17일에 적자 중 8남인 영웅대군의 집에서 53세를 일기로 생을 마감

했다. 세종은 정비 1명과 후궁 5명을 뒀으며 정비에게서 적자 8명, 적녀 2명, 후궁들에게서 서자 10명과 서녀 2명을 얻었다.(18남 4녀)

태종(1367~1422), 원경왕후(1365~1420) 4남 4녀
후궁 18명-8남 13녀(12남, 17녀)
양영대군(1394~1462(68세)
효령대군(1396~1486(90세)
충녕대군(1397~1450(53세)
세종대왕
성녕대군(1405~1418(13세)

기적 같은 업적들

세종시대는 태종이 이룩해 놓은 왕권의 안정을 바탕으로 정치, 경제, 문화, 사회 전반에 걸쳐 기틀을 확립한 시기였다. 집현전을 통해 많은 인재가 배출되었고, 유교정치의 기반이 되는 의례제도가 정비되었으며, 다양하고 방대한 편찬사업이 이루어져 문화발전의 원동력이 되었다. 또한 훈민정음의 보급, 농업과 과학기술의 발전, 의학기술과 음악 및 법제의 정리, 공법의 제정, 국토의 확장 등 모든 분야에 걸쳐 민족국가의 기틀을 확고히 다져나갔다. 세종 대에는 개국공신의 세력이 거의 사라졌고 그 덕분에 과거제도를 통하여 정계에 진출한 유학자와 국왕이 만나 왕도정치를 꿈꿀 수 있었다.

서운관:천문학을 전문적으로 연주하는 관청, 혼천의 같은 천체관측기계와 해시계인 앙부일구 물시계인 자격루와 옥루, 세계 최초의 강우량 계측기인 측우기 등을 만들어 백성들의 생활에 실질적 도움을 주었다.

국토확장:압록강 근처에 4군, 두만강 방면에 6진 개척 김종서 장군, 군사훈련, 화기개발, 성곽의 수축, 병선개량, 병서간행 등 국방 정책에 역점을 두었다.

세종임금은 훌륭한 신하들과 학자들을 주변에 불러 모으고, 이들의 보필을 수용할 만한 인격과 능력을 갖추었기 때문에 다양한 분야의 업적을 이룰 수 있었다. 유교정치에 대한 깊은 소양, 학문적 성취와 탐구력, 역사와 문화에 대한 통찰력과 판단력, 주체성과 독창성, 의지를 관철시키는 추진력과 신념이 있었다. 세종의 인간애를 갖춘 인성이 정치, 사회, 문화, 학문 분야의 업적을 일구어낸 구심체였다.

정음청:훈민정음 관련사업을 전담하게 했던 관청.

최강일

「한국크리스천문학」 수필등단,
한국크리스천문학가협회 회원,
고려대학교 영어영문학과 졸업,
남강고등학교 교사로 정년퇴임,
옥조근정훈장 대통령표창 수상

항일운동사

도산 안창호(3)

최용학

1926년 5월호로 창간된 「동광」은 1927년 8월호(제16호)로 휴간 하였다가 1981년 1월에 속간되었다. 16호에 게재한 안창호의 글은 산옹(山翁)이라는 필명으로 합동과 분리를 주제로 12회에 걸쳐 게재되었다. 그가 산옹이라고 필명을 사용한 것은 도산의 산(山)자를 따서 지은 필명으로 보인다.

당시 중국에서 활동하던 안창호는 자신의 주관을 구술하였지만, 이광수가 윤문을 하였고 일제의 검열을 받아야 했기 때문에 안창호 사상이 완전히 전달되기는 어려웠을 것으로 보인다. 당시 사람들은 안창호라고 직접적 예시는 없지만 집필자가 누군지는 대체로 짐작했다고 한다.

1926년 「동광」 6월호에 안창호 글 세 편이 실린 경우 '섬메'라는 필명을 사용하였는데, 그것은 도산(島山)을 한글로 푼 것이었다. 안창호의 서한은 유족들의 기증으로 독립기념관에 보관되어 있다. 받은 서한이 대부분이지만 일부도 남아 있다. 그리고 안창호가 외지에서 가족에게 보낸 서한이 상당량이 있는데 안창호가 지인과 가족에게 보낸 것들이다.

    1914년 미주에서 안창호가 노령의 이강(李剛)에게 보낸 편지는 안중근 유상(遺像)의 복제문제부터 국민회 문 정문을 비롯하여 노령 한인 지도자의 동향 및 흥사단 문제까지 광범위한 주제를 내용으로 하고 있었다. 「신한민보사」 주필에게 보낸 서한은 1917·8년 안창호가 대한인국민회 중앙총회장 자격으로 멕시코의 한인들을 방문한 결과를 보고한 보고서의 형식으로 되어 있다. 멕시코 동포의 현황을 인구·단체·종교·교육·생활풍습 등으로 구분하여 설명하였고, 멕시코 동포들에게 하는 8개 항목도 제시되었으며, 실업진흥을 위한 실업회사의 활동도 정리하였다. 특히 안창호는 교포들에 매우 큰 영향을 미친다는 점을 강조하였으며, 자신에 대한 비방을 하소연한 구절노 보인다.

    정한경에게 보낸 서한은 제1차 세계대전이 종료되고 강화회의가 개최되는 상황에서 미국 정부와 교섭을 해야 하고 대한인국민회도 독립의 의사를 밝힐 것에 대하여 의견을 구하는 내용이다.

    그리고 1936년 10월 안창호는 평양의 남산현교회에서 열린 평양 감리교회 연합예배에서 '기독교인의 갈 길'이라는 설교를 하였는데, 그 내용이 제자인 전영택이 주재하던 「새사람」에 수록되어 있다. 안창호의 이력서에 의하면 밀러학당에 재학 중이던 1894년에 장로교회에서 세례를 받은 것으로 나온다.

그리고 교회에서 적극적으로 설교도 하고 교회도 설립했다. 그러나 1900년대 후부터는 교회 일에 적극적으로 활동하지 않았다고 하는데 그의 흡연 문제는 교회 지도자들의 비난의 대상이 되기도 했다. 그렇지만 그 자신은 기독교인으로 살아 왔고, 중국과 미주에서 때로는 설교도 하였다. 그의 기독교관은 회개와 사랑이라는 기독교 본질에서 벗어나지 않았다.

1887년 6월 안창호는 동우회 사건으로 재수감되기 전 「朝光」기자에게 바다 한가운데를 지나다가 하와이 부근에서 작은 섬 하나를 발견했을 때의 감격적인 장면을 보고 느낀 '태평양상의 한 작은 섬'이라는 일화를 남겼다고 한다.

하와이 부근을 지나게 되었지요. 그 섬을 바라보니 여간 반갑지 않았습니다. 망망한 바다 가운데 홀로 우뚝 서 있는 그 섬의 기개를 보았습니다. 바다에 홀로 떠 있는 섬은 대양의 선구자나 되는 듯해서 나는 크게 감격했습니다. 그래서 내 호를 도산(島山)이라고 정했습니다. 보통 사람들은 내가 도산이라는 호를 쓰니 우리 반도강산을 의미하는 것으로 아는데 실은 그렇지 않습니다. 호를 바다에 떠있는 섬에서 얻은 것이지요.

그는 기독교인으로 살면서 사랑이라는 기독교의 본질적 의식 속에서 홀로 서 있는 조그마한 섬 하나에서 많은 생각을 한 것으로 보인다. 자신의 아호보다도 홀로 서 있는 작은 섬의 기개에 감동을 받았음을 밝히고 있다.

안창호는 한말부터 여러 편의 시가를 지었는데 '찬愛國歌'라는 시는 애국생(愛國生)이라는 필명으로 발표했다. 안창호가 지었다는 사실은 1943년 11월 5일자 「신한민보」에 '애국지사의 노래'에서 확인되었다. 이 시에는 나라 사랑의 깊은 뜻이 잘 드러나 있다.

독립의지를 담은 모란봉가(牡丹峯歌)는 평양의 모란봉을 빌어 독립의 의지를 밝혔다. 그의 대표적인 시가는 1910년 해외로 망명하며 지었다는 '간다 간다 나는 간다. 너를 두고 나는 간다'로 시작되어 '나의 사랑 한반도야'로 마무리한 시가는 4절로 되어 있는데, 조국을 떠나 망명길에 오르는 감회가 잘 드러나 있다.

그밖에 애국가, 격감가, 학도가, 한반도가, 야구단가 등에서도 역시 문명과 독립에 대한 안창호의 의지가 담겨 있는 것을 볼 수 있다. 특히 흥사단 입단가, 항해가는 건전인격, 충의용감, 무실역행 등은 흥사단의 이념을 시가에 담고 있다.

특기할 것은 발해를 건국한 대씨(大氏)에 관한 것으로 발해에 대하여 특별한 관심을 가졌던 것은 그가 1910년대 초 노령과 만주지방을 순회하며 독립운동 기지를 찾았고, 1920년대에도 만주·몽고 지방에 이상촌을 세우고자 한 사실과 무관하지 않을 것으로 보인다.

안창호는 대씨의 위대한 점으로 희망, 지략, 용맹 등을 들고 있었다. 그리고 건강법과 관련한 기록이 있는데, 호흡과 흡연의 피해에 대한 메모로 그가 건강에 대단히 신경을 쓰고 있었다는 것을 알 수 있다. 그는 약방문 같은 것을 베껴 놓기도 했다. 흡연의 폐해에 대한 메모는 스스로가 애연가였음을 보여주는 자료이다. 그는 금연을 위하여 병원까지 다녔다. 그러나 금연에 실패할 만큼 대단한 애연가였다. 그 때문에 기독교계에서 비난도 받았다.

1914년 미주에서 안창호가 노령의 이강(李剛)에게 보낸 편지에는 안중근 유상(遺像)의 복제문제부터 국민회 문제, 재정문제를 비롯하여 노령 한인 지도자의 동향 및 흥사단 문제까지 광범위한 주제를 내용으로 하고 있다.

신한민보사 주필 홍언(洪焉)에게 보낸 서한은 안창호가

대한국민회 중앙 총회장 자격으로 멕시코의 한인들을 방문한 결과를 보고한 보고서로 되어 있다. 멕시코 동포의 현황을 인구, 단체, 종교, 교육, 생활풍습 등으로 구분하여 설명하고 멕시코 동포들에게 하는 8개 항목도 제시되었다. 그리고 실업 진흥을 위한 실업회사의 활동도 정리하였다. 특히 안창호는 「新韓民報」가 교포들에게 매우 큰 영향을 미친다는 점을 강조하고 자신에 대한 비방을 하소연한 구절도 있다.

세인 중 나를 가리켜 모단모사(某團某社)는 자기가 한 것이니까 기어이 세력을 기르려는 야심이라고 하는 이가 있지만 나의 것도 너의 것도 아닌 피차를 가리려는 것이 아니라 다만 국가를 전제로 삼아 이렇게 저렇게 해야 국가의 장래가 유리하겠다는 일념뿐이오.

최용학

1937. 11. 28, 中國 上海 출생(父:조선군 특무대 마지막 장교 최대현), 1945년 上海 第6國民學校 1학년 中退, 上海인성학교 2학년 중퇴, 서울 협성국민학교 2학년중퇴, 서울 봉래초등학교 4년 중퇴, 서울 東北高等學校, 韓國外國語大學校, 延世大學校 敎育大學院, 마닐라 데라살 그레고리오 아라네타대학교 卒業(敎育學博士), 평택대학교대학원장역임, 현) 韓民會 會長

칼럼

거지 나사로와 회장님

강덕영

성경에는 거지 나사로 이야기가 재미있게 서술되어 있다. 거지 나사로는 부잣집 문 앞에서 버려지는 음식물로 평생을 살았지만, 죽은 다음에는 천국에 올라가 아주 행복한 삶을 이어간다는 이야기다. 반대로 부자는 지옥으로 가서 고통을 받았다. 지옥에서 그는 목이 타고 있으니 단 한 방울의 물이라도 달라고 청하나 거절당한다. 또한 자신의 고통을 살아 있는 자식들에게 알려달라는 요청마저도 거절당한다. 살아 있는 동안의 삶이 아무리 부유했어도, 그 의미는 크지 않다는 것을 알 수 있다.

TV에서 대기업 총수였던 분이 휠체어를 타고 많은 직원들과 함께 이동하는 장면을 본 적이 있다. 그분은 자수성가하고 수십조 원의 돈을 벌었으나, 두 아들의 싸움을 바라보며 처량한 마음을 감추지 못하는 것 같았다.

두 아들 중 한 명은 '우리 아버지는 병 치료를 잘못 받아 판단력이 확실치 못한 것 같다'고 이야기한다. 마치 자신의 아버지를 무능력자로 취급하는 것 같다는 느낌이 들었다. 그런데 이 분이 어떤 자선활동을 크게 했다거나 종교를 갖고 있다는 이야기는 들어본 적 없다. 인생이 어쩐

지 측은해 보인다.

그 회사에서 열심히 일하는 직원들의 밝은 모습을 볼 때, 과연 누가 행복한 인생을 살고 있는 것인가 생각해 본다. 또한 돈이 과연 인생의 전부일까 하는 의구심도 가져 본다.

요즘 학생들은 정말 바쁘다. 영어학원, 수학학원, 바이올린, 피아노, 축구 등등 정말 바쁘다. 초등학교를 졸업하면 좀 나아질까 싶었는데 이제는 대학 입시로 수학, 영어, 국어 공부에 매진한다. 그리고 대학 졸업 후에는 좋은 스펙을 위해 자격증 학원을 다니며 인생을 산다. 그런데도 취직은 되지 않고 희망이 없다며 탄식한다.

최근 신입사원 면접을 보면서 스펙 좋고, 인물 좋고, 영어 잘하는 사람이 어쩜 그리 많은지 무척 놀랐다. 모두 정말 훌륭한 인재다. 그러나 뽑을 인원은 한정돼 있다. 불합격한 분들에게는 미안한 마음이 크다.

면접을 보는 동안 그 사람이 직장에서 할 일을 생각해 보면 그렇게 많은 자격증은 사실 필요치 않다. 해외 사업 부문을 뽑을 때에는 영어를 할 줄 알고 인성이 좋은 사람인지만 눈여겨본다. 국내 영업 부문을 뽑을 때에는 열정을 갖고 있는지가 가장 중요하다.

다른 스펙은 기본 실력만 갖추면 된다. 다만 어느 분야를 채용하든 간에 그 사람의 인성이 어떠한가는 아주 중요하게 생각하고 열심히 챙겨 보려 애쓴다.

나는 인성을 무척 중요하게 여긴다. 다른 사람을 배려하는 마음을 관리자가 가져야 할 제일 큰 덕목으로 본다. 이 인성을 EQ라고 한다. 많은 지식은 단 몇 년만 지나도 금세 변하며, 이러한 현상은 특히 경영학에서 더욱 두드러진다.

하지만 EQ는 지식과는 다른, '사람의 능력'이다. EQ는 감사하는 마음, 사랑하는 마음이며 좋은 인간관계를 이룰 때 생긴다. 화목한 가정생활이나 돈독한 교회생활 등 여러 사회 활동을 통해 형성된다. 또한 좋은 독서를 통해서도 이루어진다. 독서 중에도 성경이 가장 효율적인 지도서라고 이야기하는 학자들이 있다.

성경은 이 세상뿐만 아니라 저 세상에서도 통하는 영구불멸의 하나님 말씀이다. 성경을 통해 하나님과 나의 관계에서 비롯되는 평안을 느낄 수 있다. 이것이 바로 샬롬이다.

이 샬롬은 세상을 살아가는 데에 중요한 기둥이 된다. 물질적 부를 위해 일생을 바쳐 대성공을 거둔 회장님과는 대조적으로, 하나님과 샬롬을 이룬 나사로의 이야기는 큰 감동을 준다.

이 세상에서 무언가 해야 할 사명을 갖고 태어났다면, 하나님과 샬롬을 이루고 그 분의 보호 아래 살아가고 싶다. 세상의 명예와 부를 위해 노력하다 지쳐 쓰러졌을 때, 그분의 힘으로 일어선 때가 많았다. 좌절의 순간에도 그분과 단단한 관계만 있다면 아무런 걱정이 없었던 것을 기억한다.

거지 나사로는 비록 무능했을지 몰라도 현명했던 사람이었다. 반면 부자는 유능했지만 현명하지는 못했던 사람이다.

나도 슬기로운 사람이고 싶다. 오늘도 하나님의 동행에 감사하지만 세상일로 근심하다 정작 중요한 샬롬을 잊고 지낼 때가 많다. 인간이기에 어쩔 수 없다고 생각하면서도 다시 정신을 차리고 살아가는 내 모습을 돌아보며, 나사로와 회장님의 교훈을 되새겨 본다.

강덕영

「한국크리스천문학」 등단,
한국외국어대 및 경희대 대학원 졸업
저서 『그럼에도 불구하고 할 수 있다』 외 다수,
대한신학대학원대학교 이사장 역임,
현) 한국유나이티드제약 사장

뉴욕 센트럴파크와 세종 중앙공원

최민호의 월요이야기 - 제84회('24.9.30.)
최민호

 미국 뉴욕의 집값은 센트럴파크에서 떨어진 거리에 반비례한다는 말이 있습니다. 센트럴파크에 가까울수록 집값이 비싸다는 의미입니다. 창문을 열어 마주하는 풍경이 탁 트인 자연과 푸른 녹지라면 그 전경에 무슨 말을 더 하겠습니까?

 사실 센트럴파크는 처음부터 환영받진 않았습니다. 1895년 센트럴파크 건립 계획이 발표됐을 때 많은 이들이 반대했는데, 흔한 공원 대신 주택이나 상업지역을 개발하는 것이 더 실용적이라는 논리였지요. 이때 센트럴파크를 설계한 프레더릭 로 옴스테드(Frederick Law Olmsted)의 한 마디가 분위기를 바꿨습니다. 그는 "지금 센트럴파크를 만들지 않는다면 앞으로 10년 안에 이만한 면적의 정신병원을 만들어야 할 것"이라고 절규했습니다.

 지금 와서 생각해 보면 시대를 앞서 꿰뚫어 본 혜안에 혀가 내둘러집니다. 과연 세계 최고의 지가를 자랑하는 뉴욕에서는 식물이 뿌리내릴 한 뼘의 공간도 허투루 허용

되지 않을 것이고, 콘크리트와 아스팔트 일변도의 회색도시에서 온전한 정신을 유지하는 게 쉽지만은 않았을 것입니다. 그로부터 100년이 훌쩍 지났습니다. 지금의 센트럴파크 없는 뉴욕은 상상하기 힘들게 됐습니다. 전 세계인이 뉴욕하면 하늘로 치솟은 맨해튼의 마천루와 함께 센트럴파크의 여유로운 풍경을 떠올릴 정도입니다. 거대한 공간 낭비 같아 보였던 센트럴파크가 실은 뉴욕의 가치를 하늘 높이 치솟게 한 것입니다.

세종은 어떤가요?

세종의 도심 중심부는 중앙녹지공간으로 비우고 그 주변을 동그랗게 둘러 어느 한 곳이 중심이 아닌 모두가 평등한 구조로 설계됐습니다. 정원도시로는 매우 이상적인 형태입니다. 중앙녹지 공간에는 세종중앙공원과 호수공원, 국립세종수목원이 들어서 뉴욕 센트럴파크 못지않습니다.

뉴욕과 세종은 도시 전체 면적과 이 가운데 공원이 차지하는 비중도 매우 비슷합니다. 뉴욕은 도시 전체의 면적 783.8㎢에 센트럴파크가 3.41㎢로 103만 평에 이릅니다. 세종은 전체 면적이 뉴욕의 60% 수준인 465.23㎢이고, 세종중앙공원은 뉴욕 센트럴파크의 57%에 해당하는 1.95㎢인 59만 평 규모입니다.

도시 전체면적에서 차지하는 중앙공원의 비중이 거의 같습니다. 아쉬운 것은, 이토록 훌륭한 자원이 비교적 덜 알려져 있다는 것입니다. 도시 한가운데 이만한 면적의 중앙공원이 있는 도시가 세종시 말고 또 어디 있을까요?

도시가 완성될 2030년까지 아직 여유가 있다고 생각해서인지 낮은 인지도에 대해 아쉬움도 없어 보입니다. '언젠가 알려지겠지'하는 식의 안이함이 불러온 문제는 아직도 현재진행형입니다. 낮은 인지도는 관광객 유치와 관광사업화에 한계로 작용하고, 이는 상가 공실과 자족기능 부족으로 이어지고 있습니다. 이만한 자원을 두고도 정원관광산업으로 연결하지 못하는 현실이 안타까울 따름입니다.

2026년 세종 국제정원도시박람회를 추진해야 하는 이유도 여기에 있습니다. 사람과 정원이 공존하는 '정원 속 도시' 세종을 전 세계에 알리고 생태적으로도 환경문제에 대처해 나아가야 합니다. 읍면지역 오래된 집을 정비하고 마을을 재생하는 계기도 만들어야 합니다. 거리의 가로수마다 관리자의 표찰이 게시된 싱가포르처럼, 단 5일 개최로 3,500억 원의 부가가치를 유발하는 영국 첼시 플라워쇼처럼 우리는 '세종형 정원관광산업'을 일으켜야 합니다. 그러려면 정원도시박람회 같은 국제 이벤트는 필수입니다. '농부는 굶어 죽어도 씨앗을 베고 죽는다'라는 옛말이 있습니다. 오늘 감내해야 할 어려움이 비록 크더라도 내일을 위한 투자는 포기할 수 없다는 뜻입니다.

2026년 세종 국제정원도시박람회를 두고 대안 없는 문제 제기가 못내 아쉬운 까닭입니다. 개최 시기를 2026년 지방선거와 연결해서 정치적 해석을 가미하는 것 자체도 어불성설입니다. 27년에는 대선, 28년에는 총선이 열립니다. 언제고 선거가 없는 해가 있겠습니까.

박람회가 실패할 것이라는 비관론을 전개하면서 지방선거에서 유리한 득표를 위해 박람회 개최를 시도한다는 주장도 앞뒤가 맞질 않습니다. 저는 진심으로 바랍니다. 세종시가 대한민국의 행정수도는 물론이고, 정원관광산업의 중심으로 거듭날 수 있기를.

지금, 무엇이 세종시의 미래를 위한 것인지 함께 고민하고 소통할 수 있기를 간절히 염원해 봅니다.

최민호

「한국크리스천문학」 등단,
국무총리 비서실장, 행정중심복합도시 건설청장,
행자부소청심사위원장, 충청남도 행정부지사
홍익대 초빙교수(행정학 박사),
영국 왕립행정연수소 수료, 일본 동경대 대학원
졸업, 미국 조지타운대 객원연구원
현) 제4대 세종특별자치시 시장

작고시인명시

원

시감상 **박종구**

부드러움을 한없이 펴는 비둘기같이
상냥한 손을 주십시요.

빛나는 바람 속에서 태양을 바라
꽃피고 익은 젖가슴을 주십시요.

샛맑안 들이랑 하늘이랑…… 바다랑
그런 냄새가 나는 입김을 주십시요.
불타는 사과인 양 즐거운 말을 주십시오.

오! 나에게 내 자신의 모습을 주십시요.

시인 전봉건(全鳳健)은 실향민이다. 참담한 전쟁을 겪고, 그 아픔과 좌절을 서정적 시작업을 통해서 승화시킨 시인이다. 시인은 부드럽고 상냥한 손을 원한다. 바람과 태양의 꽃빛깔로 익은 젖가슴을 원한다. 들 냄새, 하늘 냄새, 바다 냄새가 풍기는 입김을 원한다.

오늘 우리의 손은 어떠한가. 어디서부터 거칠어졌는가. 왜 이렇게 굳어져 있는가. 우리의 가슴은 무엇으로 채워졌는가. 무슨 빛깔로 쌓여 있는가. 우리의 입김에 풀잎들이 시든다면, 시내가 마른다면, 황사를 일으킨다면, 문들이 얼어붙는다면, 아, 우리가 설 곳은 어디인가.

그래서 시인은 자신의 모습을 찾고 있다.

불타는 사과인 양 즐거운 말을 주십시요
오! 나에게 내 자신의 모습을 주십시요

자아상실 - 어찌 시인의 인식일 뿐이랴. 일상의 소용돌이에 잃어버린 우리의 본래의 모습은 얼마나 메말라 있을까. 얼마나 맛없는 몰골일까. 그래서 시인의 간절한 바람은 자아회복에 있다. 본래의 자아, 순수회귀의 자아털환이다.

시인의 기도는 '새들에게'에서 계속된다.

새봄에는
착한 새들에게
새파란
날개 주시고

새봄에는
겁 없는 새들에게

새파란
하늘 주시고

그리고
늙은 나에게는
새파란
말도 주시고

대자연의 생성 속에서 사랑과 생명을 노래한 시인은 그 절대자의 섭리와 손길 안에서 끊임없는 자아성찰의 내밀한 고백을 드린다. 그래서 그의 노래는 영원에 닿아 있고, 그의 이미지는 시공을 초월 하며, 그의 사랑은 다면적이며, 그의 메시지는 비둘기처럼 부드러우면서 불타는 사과처럼 빛난다.

박종구

경향신문 동화 「현대시학」 시 등단,
시집 「그는」 외,
칼럼 「우리는 무엇을 보는가」 외
한국기독교문화예술대상, 한국목양문학대상,
월간목회 발행인

특집
배꽃뜨락

울타리가 배꽃 피는 계절에 나오게 되어 울타리 후원자 가운데 이화여대 출신 작가가 다섯 분이나 계셔서 동문기념작품 시와 수필을 배꽃뜨락 특집으로 모셨습니다. (김소엽 김순덕 김순희 배정향 허숭실)

꿈. 1 외편

김소엽

나는 꿈속에서
시를 썼다
활자 하나 하나가
꽃으로 피어나더니
이내
꽃배가 되어
강물 위에 둥둥 떠내려가는 거 아닌가
그 배를 타려고
강물 속을 헤엄치다가
물만 들이켜고
나도 커다란 꽃이 되어
함께 떠내려갔다.

꿈. 2

- 새가 된 시詩

너무나도 생생하다
시詩를 쓰고 감격했다

아쉽게도 꿈이었다
물고기 같은 어휘들을
그물에 건져 올려
조심스레 원고지에 옮겨놓았다

아침에 일어나 보니
물고기는 제 고향엘 찾아갔는지
흰 원고지만 햇빛에 반사되고 있었다

창 밖 파란 하늘에는
난데없이 새떼들이 날고 있었다

김소엽

이대문리대영문과 및 연세대 대학원 졸업,
명예문학박사. '한국문학'에 「밤」,「방황」등 작품이 서정주 박재삼심사로 등단
현) 호서대 교수 은퇴후 대전대석좌교수 재임 중
시집 「그대는 별로 뜨고」,「지금 우리는 사랑에 서툴지만」,「풀잎의 노래」등 영시집 포함 15권
* 윤동주문학상 본상, 46회 한국문학상, 국제PEN문학상, 제 7회 이화문학상, 대한민국신사임당 상등 수상

보리 외편

김순덕

시리도록 외로운 땅
여린 발 내리고
긴 어둠 감내하며
기다리는 빛
고랑에 찾아든 바람에
푸른 머리 단장한다

속울음 쟁이며 지나간 발자국
누르고 다독인 뜻
오히려 축복

뚝길에 피는 빛살
불씨로 건져올려
겨우내 서린 눈물 길섶에 내리니
고개턱 고비
따스함이 면면하다

5월

눈빛이라도 보여주지 그랬어
물 낙서처럼 지우고 싶은 순간
밤을 새운 시간 하루를 시작한다
아무 일 없었던 것처럼

이 생의 길에서
너와의 만남은 행복이었다
하늘과 땅이 멀어도
그래,
우리 사랑은 이별이 없어
일상 속에 숨쉰다

슬픔
그리움
추억으로 퍼내면
맑은 샘물 고이겠지

칠흑 같은 어둠 속

신의 소리 귓전에 맴도는
5월

담장에 장미 넝쿨 늘어지고
하굣길 아이들 떠들썩 지나간다.

김순덕

이화대학 졸업
『한국작가』 시 등단
구미문학산책동인 회원
한국크리스천문학가협회 회원
고대 보건전문대, 을지대학교 강사 역임
현) 남포교회 권사

함께 있고 싶은 사람 외1편

눈꽃 김순희

당신은
늘 함께 있고 싶은 사람
한 마디 말 없어도
눈빛으로 온갖 말 다 해 주는 사람

우리
꽃 시절에 만났으니
미끄러운 빙판길도
두 손 꼭 잡고
꽃 시절처럼 걸어요

황혼 찬란한 빛살 아래
주름살도 예쁘다 웃어주며
우리
빛살보다 환히 빛나요

또 하나의 이야기

강변 도로에
어둠이 찾아 든다

가로등 건너
아파트가
꿈을 꾸는 밤

희미해진 하루의 기운이
제일 한강 철교 위에 눕고
하늘은 검은빛으로 잠을 청한다

강물은 어둡다
어두워서 조용해진 강 속
물고기는 달빛을 기다린다

한강은
또 하나의 이야기로 걸어간다

김순희

「문학마을」로 등단
이화여고, 이화여대 졸업
한국크리스천문학가협회 회원
정릉감리교회 꽃꽂이 담당

현대시 수업시간 외1편

배정향

글자들 웅성거리는 칠판은 견고하다
벗겨내 덧칠하고 벗겨지면 덧칠한다
뜻을 만드는 새로운 글자들의 행렬
드르륵 전기 와이어로 깎아내면
칠판 위에 뜨거운 울음소리도
마술의 문장으로 태어난다

그녀가 키우는 수선화 꽃잎들
갓 피어난 글자들에게
향기의 날개를 달아준다
칠판은 센서로 균형을 잡아준다
날개 달린 글자들 오르내리며 춤출 때
댕강 분필이 그녀에게서 떨어져 나뒹군다
바람 불지 않는데 휘익 치마가 흩날린다
선생님, 엉덩이 조심하세요
어린 꽃잎들 깔깔거리고
어깨 넓은 칠판이 들썩거린다.

공명현상

어둡고 황량한 바다가 무서운 여자는
모래사장의 빛바랜 빈 소라껍데기이고 싶었다

찰싹거리는 잔물결에도
쉬이 몸을 뒤척이는 모래알을 다독이며
소라 껍데기는 온종일 종소리를 내고 싶었다

바다물결이 종소리를 들려주고 있었다
죽은 엄마와 죽은 할매의 목소리인 듯도 하였다

지금 부엌에는
쥐들이 들락날락 나락들을 실어 나가고 있어
부뚜막 두멍에는 물이 마르고

배정향

이화여자대학 약학과 졸업
1963년 미국 켄터키 주립대학 수학,
한국크리스천문학 이 계절의 우수상
산문과 시학, 대구기독문학회 회원,
현) 대구서현교회 권사

‖ 수필 ‖

배꽃뜨락의 잊을 수 없는 은사님들

허숭실

이화대학이 세워지게 된 것은 미국 선교사 스트랜톤 부인과 아펜셀라 목사 부부가 선교를 목적으로 이 땅을 밟게 되면서부터였다. 남성 우위 관습의 깊은 잠에서 깨어나지 못하고 있던 19세기 말엽에 여성 교육의 기회가 열렸다.

1886년, 정동 언덕바지에 이화학당의 주춧돌을 놓고, 이듬해 1887년에 민비로부터 이화학당이라는 당명과 현판을 하사받았다.

미스 프라이 당장 때 1908년에야 중등과 졸업식을 가졌고 1910년에 대학과를 창설할 수 있었다. 학교 이름을 상징하는 배꽃의 이파리를 녹색으로 꽃을 흰색으로 학교색(school colour)을 정했다.

"프라이 당장은 선교사요, 교육자요, 행정가였으며 건축가요 예언자였다." 고 평가받은 분이었다. 미스 아펜셀러는 선교사 헨리 아펜셀러의 딸로 이 땅에서 태어난 최초의 백인 아기였다. 어린 시절을 서울에서 지내고 고향

펜실베이니아로 돌아갔다가, 선교지에서 순직한 아버지를 이어 서른 살이 된 1915년에 선교사로 이화에 왔다.

이화학당의 6대 당장이 된 아펜셀라는 수만 통의 편지를 쓰고, 모금 여행을 하며 기도한 끝에, 드디어 신촌에 캠퍼스를 지을 수 있었다. 외국인에 의한 공공기관 운영을 금지한다는 일정 시대의 정책으로 아펜셀러 교장은 은퇴하게 되었다.

아펜셀라의 뒤를 이어 1939년, 한국인 최초의 교장으로 임명된 김활란 선생님은, 이화학당 출신으로 40세에 7대 학장이 되었다. 김활란 총장은 22년간 이화를 세계 제일의 여자대학으로 키워 놓았다.

6.25 전쟁이 일어난 1950년 8월부터 몇 개월간 공보처장직을 맡았다. 1.4 후퇴를 하자 피란지 부신 필승긱에 박물관을 만들어 공개하고, 영문 잡지와 영자 신문 『코리아 타임스』를 창간하였다. 위기에 놓인 우리 현실을 세계에 알리기 위해 여러 간행물을 출간할 때, 공보처 출판계에 근무하시던 우리 아버지는 출판 업무를 함께 하면서 김활란 선생님과 가깝게 지냈다.

김활란 총장은 통치마에 반소매 저고리를 입고, 머리는 뒤로 빗어 넘긴 짧은 커트 머리였다. 단정하고 단아한 그 자태가 그립다. 이화대학을 졸업하려면 김활란 선생님의

'여성학'을 꼭 이수해야 했다. 낭랑한 목소리로 '여성학' 강의 시간에 지성인으로 살아가는 생활 습관에 대해서 말씀하셨다. 지금도 지키며 살아가는 습관 중에 공중화장실을 이용할 때, 손을 씻고 비치된 휴지로 손을 닦고 나서, 세면기 주변에 흘린 물기를 닦은 뒤에 휴지를 휴지통에 넣곤 한다. 아주 사소한 일이지만 그 습관 하나를 지키는 것으로 세계 어디를 여행해도 문화인의 품위를 지킬 수 있다.

학창 시절에서 특별히 기억되는 시간은 채플 시간이었다. 채플 역사를 살펴보면, 채플에 대한 공식 기록은 1896년으로 예배 시간은 15분간이었다. 일정시대엔 1941년 2학기부터 1945년 8월 15일까지 채플을 금지했다.

그러나 불타오르는 신앙심마저 짓밟지는 못하였다. 이화 캠퍼스를 신촌에 건립한 아펜셀러 선생님이 1950년 2월 20일 채플 시간에 설교하다가 순직하는 안타까운 사건도 있었다.

휴전협정이 되고 1953년 11월 26일에 김활란 총장은 '국군과 유엔군에 감사한다'는 설교 제목으로 본교 수복 감사 예배를 드렸다. 그 예배는 이화 채플 역사에서 잊을 수 없는 큰 감동을 남겼다.

이화의 창설과 더불어 시작된 채플은 출석 체크를 엄격하게 했고, 출석 일수가 모자라면 유급도 되었다. 전공학과가 다른 친구들도 그 시간에는 대강당에 모여서 함께 예배를 드리고 교수님들의 명 강론을 들을 수 있었다. 『대지』의 저자 펄벅 여사를 1961년 채플에서 만나볼 수 있어 감격했던 기억이 있다.

미국 부흥 목사 덴만 박사의 설교를 듣고, 두 손을 높이 들고 예수님을 영접하는 학생들이 많았다. 무신론자였던 내 단짝 친구도 두 손을 들고 있었다.

1961년 총장직을 물려받은 김옥길 선생님은 똑같은 통치마에 저고리를 입었지만, 김활란 선생님과 분위기가 아주 달랐다. 선생님의 우렁우렁한 목소리를 들으면 정신이 번쩍 들면서 마음이 푸근해졌다.

한마디의 변명도 통하지 않을 것 같은 눈빛은 김옥길 선생님의 속 깊은 인자함이었다. 김옥길 선생님이 총장이 되기 전 '기독교문학' 강의를 들을 때였다.

성경을 읽고 자기 의견을 피력한 리포트를 강의 때마다 제출했다. 졸업하고 이화대학에 취직 원서를 냈을 때, 김옥길 총장님은 '기독교문학' 강의 때 과제물 제출하던 내 태도를 상세히 기억하고 계셨다.

선생님의 놀라운 기억력은 이화 졸업생들이 이화를 사

랑하도록 이끄는 귀한 달란트였다.

　서울대학 김붕구 교수님의 보들레르 강의는 인기 절정이었다. 이화대학에도 명강의를 하는 교수님이 많았지만, 강사로 오시는 김붕구 교수님의 강의를 기다리곤 했다.

　상징주의 시인 보들레르의 「악의 꽃」을 암송하며 시인의 고통을 함께 아파하던 시절이었다. 서울대학 교수님의 강의를 듣는 것이 마치 학구파의 표상이라도 되는 양 서울대학 강의실로 가서 청강도 하였다.

　「타원회」 친구들은 "등록금 안 낸 학생들은 나가십시오." 짓궂게 외쳤지만 못 들은 척 강의실을 드나들었다. 졸업하고 14년이 지났을 때, 김붕구 교수님은 드디어 『보들레르 평전』을 출간했다.

　보들레르에 심취했던 제자를 잊지 않으시고, 책이 출간되자 친필 사인을 해서 책을 주셨다. 교수님의 격정적이고 감동적인 글을 읽으면서 보들레르와 교수님이 하나의 상으로 겹쳐 떠올랐다.

　이진구 교수님은 문학도들이 짝사랑하는 로맨틱한 분이었다. 상급생 언니가 교수님을 좋아한다는 소문이 돌고 있었다. 그때부터 이진구 교수님 강의 시간에 들어가기 싫어졌다.

　서울대 강의실에서 청강하면서 이진구 교수님 강의를

한 학기 내내 듣지 않았다. 학기말 시험을 리포트로 제출하게 되었지만 리포트도 제출하지 않았다. 교수실로 호출을 받고 교수님과 마주앉았다.

리포트를 제출하지 않은 이유를 들으시고 교수님은 "바람의 소리를 들어 보았느냐?" 하셨다. 바람은 부딪치는 것에 따라 소리가 다르게 울린다는 것을 깨닫고는 어떠한 소문도 직접 듣기 전에는 믿지 않기로 했다.

박이문 교수님은 시인으로 보다는 철학자로 더 알려져 있다. 그러나 그분을 가까이에서 지내보는 사람은 시인의 천품을 지니신 학자임을 느낄 수 있다. 시인의 꿈을 이루어 보려고 프랑스로 유학을 떠나 말라르메 시 연구에 몰입했지만, 채워지지 않는 허기증에 철학의 문을 두드리게 되었다, 하셨다.

카잔차키스는 "시인은 창조하고 안식을 찾았지만, 철학자는 분석하고 분류하고 절망을 발견했다."고 말했다. 박이문 교수님도 같은 고민에 빠졌다. 현대 철학자들과 교류하며 논쟁하다가, 자신이 원하며 일생을 추구해 온 것이 무엇인지 깨닫게 되었다.

"마음과 기억이 머무는 거처, 마음과 몸이 가장 편안할 수 있고 행복할 수 있는 거처, 모든 종류의 갈등으로부터 해방될 수 있는 곳, 그곳은 바로 언어의 둥지, 시詩다. 둥지 안에서 진정한 의미의 휴식을 얻을 수 있고 행복을 체험할 수 있다."고, 마침내 「언어의 둥지 철학」을 발표하며 시인의 길, 철학자의 길을 찾았다.

이 땅에 여성 교육의 터전을 만들고 헌신하다 순직하신 그 분들은 이화인들이 두고두고 기억해야 할 영원한 은인이며 스승이다.

우주의 모든 것들과 조화롭게 공존하면서, 서로를 존중하고 아끼며 사는 길을 보여주었다. 나로 인해 타인이 행복을 누리면 나는 그보다 더 행복해지는 '행복의 경험'은 우리가 추구하는 삶의 목적이며 참다운 가치임을 깨달았다. 인생의 참 의미를 발견하고 기쁘게 살아가도록 가르쳐주신, 배꽃뜨락의 스승님들을 추억하며 깊이, 깊이 감사드린다.

허숭실

이화여대 불문학과 졸업
문학마을 수필 등단
이대문인회, 한국크리스천문학가협회 이사
수필집:『꽃은 흔들리며 사랑한다』『나의 13월』『신의 시간표』
범하문학상, 한국크리스천문학상, 이화문학상 수상

짜장면 한 그릇 외 1편

최명덕

L이 자살했다
이메일로 들어온 K의 말에 의하면
그는 죽기 전 여러 친구들을 찾아다녔다 한다

영안실에 모인 친구들은
돈이 그를 죽였다고 침통해하고
꺽꺽 우는 친구도 몇 있었다

그러나 지옥에서 온 편지에 의하면
그가 목 맨 이유는
친구들의 거절에 의한 지독한 외로움이었다 한다

오늘은
영철이와
자장면 한 그릇 먹어야겠다.

길이 다를 뿐

길이 다른 것이다
그렇게 가는 사람이 있고
이렇게 가는 사람이 있는 것이다

그가 배신한 것도
내가 미워한 것도 아니다

길이 다를 뿐
그래서 세상은 더 아름답다 다울 뿐

내가
네가
슬퍼할 이유는 없다

최명덕
―――――――

「한국크리스천문학」 등단,
저서 『유대교의 기본진리』 외 다수, 건국대 히브리학과, 문화콘텐츠학과 교수, 한국이스라엘연구소 소장, 한국이스라엘문화원 이사,
현) 조치원성결교회 담임목사

나무의 독백 외 1편

이상인

나무는 말 없어도 이야기를 하고 있다
자신은 침엽수며 나이는 몇 살쯤인지
한겨울
혹독한 추위에도
거뜬하게 견딘다고

나무는 묵언으로 이야기를 하고 있다
활엽수는 뛰어난 패션 감각을 자랑하며
한겨울 눈보라에도 거칠 것이 없다고

또 오페라를 연출하고 세상을 정화한다고
스치는 바람소리 새소리는 노래가 되어
숲들이
군무를 추며
발산하는 피톤치드

목련꽃 지는데

정든 님 여의셨나
소복 입은 그대 모습
서러운 눈물인 양
봄비가 내리구려

이 봄은
떠나가는데
목련꽃이 지고 있네.

이상인

「시조생활」 등단,
동인시집 『여울물』,
한국경찰문학회 운영위원장, 시인협회 이사,
나라사랑한국문인협회 부회장,
시조생활시인협회 이사,
한국시낭송선교회고문, 한국미술문화협회 미술지도사

믹스커피 외 1편

김정덕

생각에 잠기다가 다시
믹스커피 한 잔 들고
창가에 다가서 있다.

커피 콩 가루와
뜨거운 물과 설탕과
프림 같은 것들이 뒤섞이는
일상의 한 모서리
수수꽃다리 새순이
살며시 눈 뜨는 늦은 오후

달달한 믹스커피 한 모금
모호하고 씁쓸하게 두 모금
오! 오! 해는 저물고
오늘도 뜨겁던 하루가 간다.

신작로를 지나며

규태야, 규태야,
아부지는 애타게 부르셨다
신작로를 걸어가던 친구는
끝내 돌아보지 않았다

그날 후 얼마를 더 사셨을까
아부지가 가신 오랜 후
통일주체국민회의 대의원이던
키 큰 친구분도 가시고

버스가 지날 때면 흙먼지 날리던
신작로를 지나며 생각느니
규태야, 규태야, 부르시던
아부지 목소리 쟁쟁한데
새로 깐 아스팔트가 먹먹하다.

김정덕
―――――――

「문학춘추」 시 등단
시집:『내 영혼에 집이 있어』
한국크리스천문학가협회 사무국장, 평택지역기독교연합회회장
대신문학상 수상
현) 영신중앙교회 담임목사

‖ 서경범 연작시 ① ‖

인강 흐르다 ⑴

인류 강물이 솟는 그리움 쏟아내
아련함이 봄빛을 흔든다
빛은 안개를 흘리고 인적이 끊어져
눈을 감아도 보이지 않는
허상의 실체다

숨은 그림은 자아 표출 떠도는
사막 이미지 지구촌을 덮고
봄빛 가두는 만물 자연 속 헤맨다.

한 조각 퍼즐 자책으로
어둠을 가늠 것 없는 시야,
머나먼 위성 빛 고향을 흔들어
죽음 서리는 별만 깜박댄다

흰머리 추억이 바래 있는
투명한 거역,

덧칠해서 꾸민 미래 희미하게 인류 꽃 지며
빠져나간 머리칼 수놓는다.

쌓인 꽃 공중곡예 향기 없는 희망이
땅을 지배하는 환란,
선향 베푸는 희끗한 기억 매무새를 다듬는다.
사라진 찬란한 칼 베는 금속 차지,
자연 뜰에 인정 머물러 베어 나간
살과 피 흘림이 굳어진 살갗,
화려한 궁전 따스함이 스며들어
순수 꽃 판다

궁 뜰 낫싱개 구수한 포말을 그리는 손길
땅속 생물이 검은 향을 뿜어대며 버섯
물든 위장 색소 보색을 꿰맨다
먹느냐 죽느냐 먹어서 사는지
인강은 처음부터 나지막한 강물은

물살을 알 뿐 성급한 지구를 삼키고 있다.

초목에 휩싸인 사람들 살아서 죽었는지
인강 나부끼며 허우적대던 날개,
독배를 마신 뒤지 갇혀서 금성 무너져 깔린
사라진 돌 틈에 핀 낯싱개 흰 꽃 하늘하늘 흔든다.

어둠이 낮보다 밝은 시야는
지구 온통 먹통 수신이 오가고
살을 베어가는 길들에 피어 있는
꽃보다 인류 핏줄이 연약한 버팀목
나뭇가지 붙잡고 물살을 피한다.

서경범

독립기념관 백일장 '수필' 등단
시집 「안성 맑은 물」,「미리내」,
박두진 문학관 「우리들의 시간」, 문방시회 동인지,
안성문인협회 문학지
한경대 문예대 1,2기 수료
현) 신한카드사 설계사

스마트 소설

탈무드를 읽은 어머니

이건숙

재래시장에서 30년이 넘도록 한복집을 경영하며 아들 넷을 대학까지 공부시킨 정선댁은 이제 살날이 얼마 남지 않았다는 걸 체감으로도 알고 있었다. 방바닥에 앉아 있다가 일어설 적에도 두 손을 방바닥에 짚고 어기적거리고 어제 있었던 일도 도통 생각이 나질 않았다. 이러다가는 남편이 죽은 뒤에 혼자 손으로 돈을 벌어 대학을 보내고 결혼시킨 4명 아들들의 생일은 물론 손자손녀들의 이름까지 잊을 지경에 이를 수도 있다는 생각이 들었다.

아들들은 좋은 직장에 다니고 있어 이제 어미의 도움이 전혀 필요하지 않았다. 그런데 어쩌랴! 정선댁은 이제 자식들의 도움이 필요하건만 한 놈도 얼굴을 내밀지 않았다. 일 년에 그녀를 찾아오는 횟수는 점점 줄어들어서 고작 그녀의 생일과 설날, 그리고 추석이 전부였다. 모두 바쁘다고 했다. 게다가 어버이날은 생일과 겹쳐서 함께 계산해버렸다.

추석에 모여든 아들과 며느리들을 앞에 앉혀놓고 특별 좌담회를 정선댁이 열었다.

"내가 아무래도 살날이 얼마 남지 않은 것 같다. 그런데 너희들을 여자 혼자 손으로 벌어서 대학까지 공부시키느라고 빚을 너무 많이 져서 이대로 눈을 감을 수가 없구나. 그러니 너희들이 이 어미가 편안히 눈을 감을 수 있도록 능력이 닿는 대로 내 빚을 갚을 수 있는 만큼의 돈을 적어 보아라."

정선댁은 미리 준비해놓은 종이를 네 명의 아들들 앞에 내놓았다. 놀란 아들들은 서로 눈치를 보면서 받은 종이를 만지작거렸다. 어머니가 장사를 해서 그간 시골에 많은 토지도 사놓았고 그리고 주식을 아주 많이 사놔서 재산이 엄청날 거라고 알고 은근히 어머니 돌아가신 뒤에 각자가 챙겨갈 유산을 넘보고 있던 터라 실망이 대단했다.

첫째 아들이 휙 숫자를 써서 어머니 앞에 내밀었다. 동생들이 곁눈질해보니 오백만원이었다. 해서 둘째도 셋째도 오백을 썼고 막내아들은 심성이 착해서 오천만 원을 내밀었다. 모두 합치니 육천오백만 원이었다.

그리고 아들들은 그 뒤 적어낸 돈도 가져오지도 않았고 아예 발길을 딱 끊어버렸다. 자식들이 오기를 기다리다 못한 정선댁은 하루 날을 잡아 모두 모이라고 했더니 손자손녀 며느리는 오지 않고 달랑 아들 네 명만 왔다. 써낸 돈을 재촉하는 줄 알고 아주 떨떠름한 표정이다.

오천만 원을 써낸 막내만 수표를 내밀면서 미안한 표정을 지었다. 다른 아들들은 그나마 작은 돈이건만 빈손으로 왔다.

"내가 너희들을 부른 것은 이제 죽을 준비를 하면서 재산을 정리하려고 한다."

정선의 말에 모두 시무룩해서 입을 열지 않았다.

아들들의 표정에 서글픈 마음을 감추지 못하고 휘둘러본 뒤에 정선댁은 차분한 음성으로 말했다.

"내 빚을 갚겠다고 적어낸 액수의 10배를 유산으로 주려고 한다. 그러니 장남은 오천만원, 둘째, 셋째도 똑같고 막내는 오억이 되는구나. 그리고 남는 것은 내가 노인시설에 들어가 편안히 쓰다가 남은 것은 노인들을 위한 시설로 돌리마."

찬물을 끼얹은 듯 방안이 싸늘했다. 그러나 정선댁은 이런 아들들을 둘러보고 비밀스러운 미소를 삼키면서 속으로 쾌재를 불렀다.

'지난달 목사님이 추천한 탈무드를 읽으면서 얻은 지혜가 이렇게 고마울 수가 없구나!'

이건숙

한국일보 신춘문예 당선,
서울대학교독어과 졸업, 미국 빌라노바 대학원 도서관학 석사,
단편집:『팔월병』외 7권, 장편 『사람의 딸』외 9권, 들소리문학상, 창조문예 문학상,
현):크리스천문학나무(계간 문예지) 주간

달밤, 강가에서

김선자

 밤이 되었다.
 현수 씨가 산성공원 초입에 들어설 때만 해도 어스름하더니 정상 가까이 올랐을 때는 어둠의 치마폭에 완전히 싸였다. 대신에 보름달이 떠올라 걸을 만했다. 적막 속에 숨소리가 거칠었다.
 '나이는 어쩔 수 없군. 그 시절엔…….'
 현수 씨는 나무 밑 벤치에 앉았다. 들고 간 소주병을 옆에 놓고 달을 올려다보았다. 봄이 코앞에 와 있지만 아직은 앙상한 나뭇가지들 사이로 은은하게 흘러내리는 달빛이 사람의 마음을 흔들어 놓는 힘이 있었다.
 맞은편 나뭇가지들 사이사이로 강이 살짝 보였다. 예전엔 휘어져 감도는 강이 먼 데까지 내려다보였었다. 가슴이 답답할 때마다 이곳에 와서 한참씩 앉아 있곤 했었다. 아득하게 흘러가는 강물을 보고 있노라면 마음이 열리면서 무거운 일들도 별것 아닌 것으로 여겨졌다. 세월이 가며 현수 씨는 늙고 나무들은 울창해져 시야를 가렸다.
 대학 시절에는 과 남학생들끼리 이곳에 와서 달빛을 즐기며 술을 마시곤 했다. 인생에 대해, 문학에 대해, 제법

진지했다. 화제가 여학생들에 이르면 '히히, 깔깔' 저마다 목청이 커졌었다.

이곳은 현수 씨와 같은 과 동기 미연의 데이트 장소이기도 했다. 미연은 이곳의 보름달이 자기를 황홀한 동화 속으로 데려다주는 듯하다고 했다. 미연은 예쁘지는 않았다. 수수하고 조용해서 여성스러웠다. 동근 얼굴에 웃으면 살짝 생기는 보조개가 귀여웠다.

미연의 자취방은 시내에서 좀 떨어진 학교 앞 시골 마을이었다. 수요일 밤 시내에서 문학 동아리 모임이 있을 때마다 현수 씨가 그녀를 바래다주곤 했다. 캄캄한 시골 길을 걸으며 도란도란 둘만의 이야기가 익어갔다. 미연이 이사했을 때 현식 씨는 동네에서 리어카를 빌려 가서 이삿짐을 날라 주었다. 날이 어두워졌을 때 미연을 리어카에 태우고 동네 한 바퀴를 돌았었다. 그녀의 웃음소리가 새소리보다 고왔다.

그때가 좋았었지. 현수 씨가 허허 웃었다. 하긴 미연과 결혼했을 때도, 아들과 딸을 낳았을 때도 좋았다. 방학 때마다 가족 캠핑을 다녔을 때도….

둘은 부부 교사였고, 알뜰한 아내 덕에 집 장만도 일찍 했다. 요리 솜씨도 좋아 식탁이 푸짐하고 집 곳곳에 윤기가 돌았다.

모든 게 내 탓이야. 현수 씨가 크게 한숨을 내쉬었다. 겨울에 미연이 돌아올 수 없는 먼길을 갔다. 힘겨운 통증으로 잠 못 자는 아내로 인해 현수 씨도 함께 뒤채다가 뒤늦게 깊은 잠에 빠졌다.

 아침에 잠이 깼을 때 아내는 숨을 쉬지 않았다. 손발이 싸늘하게 식어 있었다. 가슴만 아직 온기가 남아 있었다.

 '여보, 다행이야. 잘 갔어.'

 놀라움과 허둥댐이 가라앉으며 맨 처음 든 생각이었다. 끝을 알 수 없는 통증의 공포에서 벗어났다는 건 아내에게 다행한 일이었다. 아내 없이 어찌 살아갈지 막막하지만 그래도 아내를 위해선 잘된 일이었다. 다만 그 힘든 길을 손 잡아주지 못하고 혼자 떠나게 한 것이 너무 미안했다. 삶을 이기지 못해 결국 인간은 혼자라는 걸 확인하게 한 자신이 밉기 짝이 없었다.

 "살 만큼 살았으니 다른 여한은 없는데 당신을 혼자 두고 가는 게 마음 아파."

 내성이 생긴 항암제가 더는 듣지 않아 치료를 포기해야 했을 때, 둘은 서로 들키지 않게 숨어서 울었다. 떠나기 전, 아내의 얼굴을 한 번이라도 더 보아두려고 보고, 또 쳐다보곤 했다.

 아내는 '아낌없이 주는 나무'였다.

"나쁜 놈, 못된 놈, 어리석은 놈……."

현수 씨는 주먹으로 가슴을 치며 꺼이꺼이 울기 시작했다. 가스레인지 사용법도 몰랐다. 당연히 전기밥솥도 세탁기도. 현수 씨는 남자가 부엌에 가면 안 되는 외아들로 자랐다. 똑같이 일하고 돌아와 집안일은 모두 아내 차지였다. 평생 당연한 줄 알고 살았다. 아내는 투병으로 힘겨워하면서도 부엌을 내주지 않았다. 얼마나 힘들었을까.

내가 골병들게 한 거야. 후회가 사무쳤다. '혼자 떠나면서 얼마나 외로웠니? 정말 미안해. 나, 빈집에 혼자 들어가기 싫어. 여보, 나 오늘 당신 만나러 갈게.' 현수 씨는 소주병을 들고 일어섰다. 샛길로 조금 내려가면 강가에 평평한 바위 절벽이 있다. 바위 위에서 뛰어내리면 수심이 깊은 물로 곧장 떨어질 것이다.

누군가 먼저 와 있다! 가까이 다가가자 달빛 아래 남자의 모습이 분명해졌다. 앉은키가 큰 청년이었다. 소주병을 들고 강물을 물끄러미 내려다보고 있었다. 강물에 은은히 반사된 보름달의 빛줄기가 저승으로 가는 길처럼 아득해 보였다.

"어쩌라구, 나보고 어쩌라고, 난 어떻게 해……."

소리치다가 입을 벌린 채 현식 씨를 쳐다보았다.

"같이 마셔도 되겠나?"

소주병을 들어 보였다.

 "지방대학 졸업하고 삼 년이나 내리 입사시험에 떨어졌어요. 여자 친구도 더 기다릴 수 없다며 떠나버렸어요. 죽을 것 같은데 잡지 못했죠."

 빈 소주병 대신 현수 씨의 소주를 나누어 마시며 묻지도 않은 사연을 풀어냈다.

 "나이 드니 세월이 얼마나 빠른지 몸으로 느껴져. 바람이 동에서 서로 지나가듯, 안개가 허무하게 사라지듯. 이 세상에 죽음만큼 공평한 게 없어. 누구나 때가 되면 가니까. 애쓰지 않아도 저절로 가게 되지. 요즘 '중꺾마'란 말이 유행이더군. 중요한 건 꺾이지 않는 마음, 누가 만들었는지 참 좋은 말이야."

 "아 참, 저 죽으려고 여기 온 기 아닙니다. 그저 가슴속에 넘치는 울분을 강물에 던져버리려고요. 다시 해보려고요."

 "암, 그래야지, 그렇고말고."

 "그런데 할아버지는 이 밤에 왜 여기 오셨어요?"

 "나도 자네와 같아, 허허허······."

 "······."

 둘은 말없이 달빛을 바라보며 소주병을 건네주고, 받았다. 볼에 스치는 밤바람은 맵싸한데 술기운인지 뱃속은 훈훈해진 것 같았다. 이윽고 현수 씨의 소주병도 비었다.

"날 새기 전에 가세."

현수 씨가 일어서다 휘청했다. 청년이 재빨리 팔을 잡아주었다.

"조심하세요, 넘어지면 큰일 나요."

"그러게, 죽을 뻔했네. 고마우이."

현식 씨는 청년의 팔을 힘주어 잡았다.

김선자

공주사범대학교 졸업
초등학교 교사 역임
「크리스천문학나무」 소설 등단
한국소설가협회 회원

다이어트 아르바이트 그가 나야

정기옥

 영채! 그녀는 다이어트 아르바이트 가사 도우미 청소부다. 가방에는 샴푸와 고무장갑 등 각종 청소용품이 가득했다.

 그녀는 가사 도우미 파견 회사에 소속되었다. 청소를 깔끔하게 잘한다는 입소문이 난 뒤로 고객들이 정기적으로 그녀에게 집안일을 맡겼다. 오늘도 부탁받은 집 아파트 현관문을 열고 들어섰다. 넓은 거실에는 그녀의 키보다 큰 열대식물이 빼곡했다.

 그녀가 도착하자 주인한테 메시지가 왔다. 화분에 물을 주고 잎사귀를 모두 물티슈로 깨끗이 닦아달라고. 그리고 부엌과 화장실도 깨끗이 청소해 달라는 문자가 추가되었다.

 영채는 부엌으로 먼저 들어갔다. 개수대에는 국그릇, 밥그릇, 반찬 그릇들이 수북했다. 일단 수세미에 세제를 묻혀 들고 수도꼭지를 틀어 흐르는 물에 그릇을 담갔다. 그릇들을 뽀드득 소리가 나도록 깨끗이 씻고 보니 널따란 사각 접시가 유독 뽀얀 얼굴을 내밀고 반짝거렸다. 그릇을 모두 싱크대 설거지 건조대에 차곡차곡 쌓았다.

설거지를 마친 다음 마른 수건으로 물 묻은 손을 닦았다. 손등이 수건과 부딪치자 오른손 손가락에 통증이 느껴졌다. 손가락을 모두 앞뒤로 뒤집으며 살펴보았다. 오른손 두 번째 손가락이 우둘투둘하니 벗겨져 있었다.

'주부습진에 걸렸나? 쓰리고 아프네.'

이렇게 중얼거리며 화장실 안을 들여다보았다. 화장실 벽에는 타일 접착 결을 따라 곰팡이가 새까맣게 끼어 있고 바닥에는 머리카락이 여기저기 널려 물때가 진득하게 붙어 있었다.

"참 더럽기도 하네. 어떻게 이렇게 살았을까. 좋다, 이것들을 본격적으로 닦자!"

그녀는 물을 받아 샴푸 액을 대야에 풀어 화장실 바닥에 듬뿍 묻히고 철수세미로 박박 앙칼지게 문질렀다. 화장실 청소는 그렇게 우악스럽게 해야 한다는 것을 체험으로 터득한 비결이었다. 샴푸 향이 화장실 가득 퍼지는 것도 상쾌했지만 물때가 말끔히 씻겨나간 바닥이며 변기가 더 보기 좋았다.

"찌든 때를 닦는 데는 샴푸가 최고야!"

그렇게 중얼거리며 샤워기로 벽에 물을 뿌리고 철수세미에 샴푸를 묻혀 타일 벽에 묻은 곰팡이를 문질렀다. 화장실 타일 틈틈이 끼어 있는 검은 때도 꼼꼼히 벗기고 샤워기를 꽉 잡고 벽을 향해 물줄기를 뿌렸다. 벽을 타고 곰팡이 물이 줄줄 흘러내려 화장실 바닥이 엉망이 되었다. 바닥과 벽 모서리 구석은 물때가 깊이 찌들어 아무리 닦아도 지워지지 않았다.

"아유, 닦아도 닦아도 끝이 없네!"

그녀의 입에서 한숨이 저절로 나왔다. 손에 낀 고무장갑이 갑갑하고 불편하여 장갑을 벗으려니 물기가 차서 잘 벗겨지지 않았다. 장갑을 훌렁 뒤집어 벗어 한쪽 구석에 휙 던졌다. 벌러덩 떨어져 뒤집힌 분홍 고무장갑이 벗겨진 맨살처럼 보였다.

맨손으로 틈새 구석구석을 박박 힘주어 닦은 후 바닥에 물을 쫙쫙 뿌렸다. 그러는 사이 이마에 땀방울이 송송 맺혔다. 하수구 구멍에는 씻겨 내려가다 만 머리카락 뭉치가 수북이 쌓여 있었다.

그러는 사이 손이 퉁퉁 붓고 손가락 마디마디가 아렸다. 그래도 참고 쓰레기봉투를 들고 화장실 하수구 구멍에 수북이 쌓여 있는 머리카락 뭉치를 봉투에 집어넣었다. 그렇게 마친 다음 다리와 발을 샤워기로 씻어 내리며 한숨을 돌렸.

"나이 육십 되도록 젊어서는 손에 고무장갑 안 끼고도 설거지며 변기 청소까지 잘 했는데 이젠 손가락 마디마디가 쑤시고 아프니 나도 늙었나 봐."

이런 소리를 하며 화장실에 가득한 샴푸의 은은한 향기

에 코를 킁킁거리다 스마트 폰을 꺼내 들었다. 깨끗하게 청소된 욕실 구석구석을 촬영했다. 그리고 부엌도 말끔히 정돈된 그릇과 개수대 사진도 찍었다.

어느새 4시간이 훌쩍 지났다. 집 주인 핸드폰 신호가 울렸다.

"청소 다 끝나셨나요? 사진 확인 후 계좌 이체할 게요. 4만 원이죠?"

"예. 고객님. 만족하실 거예요. 청소된 사진을 고객님 핸드폰에 지금 막 전송했습니다. 깨끗한 공간을 보시면 힐링되실 거예요. 다음에 또 이용해 주세요."

금방 입금되었다는 핸드폰 문자의 알람 소리가 들렸다. 하루 일을 마치고 허리를 펴고 현관문을 나섰다.

그녀는 내리쬐는 햇볕에 벗겨진 손가락을 들여다보며 다음 집으로 향했다.

다음 집으로 가는 영채는 신나는 생각에 어깨를 으쓱거리며 타고 온 그랜저에 올랐다. 청소 도우미가 고급 승용차를 타고 왔다는 거 신기하지 않은가.

영채가 다음 집에 가서 부저를 눌렀다.

'딩동, 딩동.'

안에서 주인이 물었다.

"아줌마예요?"

영채는 태연히 대답했다.

"나야 나."

문을 열고 내다보던 주인이 깜짝 놀라 소리쳤다.

"아니, 박영채! 웬일로 우리 집을 다 왔니?"

"채린아, 잘 있었니?"

"들어와. 너 요새 다이어트를 한다면서?"

"그래. 다이어트를 열심히 하고 있어."

"부럽다. 그래서인가 전보다 날씬하고 많이 예뻐졌어. 무슨 다이어트를 하고 있니?"

"아무것도 아니야. 돈 벌며 하는 다이어트니까."

"그런 것도 있니? 나도 가르쳐다오."

"넌 못해."

채린은 여고 동창이다. 30평 아파트에 살면서 다이어트를 위해 요가를 한다고 했다.

"요가하는 사람은 내가 하는 다이어트 못해."

"그러니? 나 지금 요가교실에 가야 하는데 어쩌지?"

"그럼 가야지 늦기 전에."

"그런데 내가 파출부 사무실에 청소 도우미 신청을 했는데 아직도 오지 않아서 기다리고 있어."

"그러니? 그럼 전화해 봐."

"그럴까. 잠깐만 여기 있어. 내가 방으로 가서 좀 따져 봐야겠어. 약속 시간이 반시간이나 지나도록 청소부를 안 보내면 어떡해."

채린이 자기 방으로 들어가 핸드폰을 했다. 진동으로 해 놓은 영채의 핸드폰이 바르르 바르르 떨었다. 한참을 신호음만 받다가 변성하여 저음으로 전화를 받았다.

"여보세요."

채린이 짜증을 내며 소리쳤다.

"여보세요. 당신 이래도 되는 거예요? 난 빨리 나가야 하는데 아직도 안 오면 어떡해요?"

"……"

영채는 전화를 들고 웃으며 대답을 하지 않았다. 채린이 더 화난 소리를 치다가 방에서 오며 말했다.

"아이 신경질 나. 잠깐 와서 일하는 척하다가 사만 원씩 받아가면서 이게 뭐야. 요새 파출부들 배가 불러서 제 맘대로야. 넌 그 넓은 집 청소를 누가 하니?"

"나도 청소 도우미한테 오만 원씩 주고 쓴다."

채린이 초조한 얼굴로 말했다.

"그러나저러나 나 지금 나가야 하는데 어떡하니? 오랜만에 온 널 두고"

"염려 말고 다녀와."

"넌 어떡하고? 아이 신경질 나. 그 파출부 만나기만 해 봐라."

"만나면 어쩔 건데?"

"그게 사람이냐고?"

"그게 나야. 나."

"농담할 기분 아니야."

영채는 들고 온 가방을 열어보였다.

"내가 오늘 두 번째 집 청소를 하러 왔는데 오고 보니 너희 집이지 뭐야. 이 가방 속을 봐. 청소도구야."

"네가 뭐가 아쉬워 파출 도우미야?"

"내 말 들어봐. 나는 하루에 두 집을 맡아 청소해 주고 팔만 원을 벌어서 우리집 도우미 5만원 주면 3만원이나 남는다."

"농담 아냐?"

"내가 그랬잖아. 다이어트 아르바이트한다고. 우리집 청소는 하기 싫어도 남의 집 청소는 돈 받는 재미로 다이어트도 하면서 돈을 번다니까. 너도 한번 해 볼래?"

정기옥

계간지 「크리스천문학나무」 등단
유튜브 '책 먹는 즐거움 정기옥 작가'채널 운영
칼빈대학교 복지상담대학원 인문학전공
소설집 『쉼 카페』 출간
제87회 한국 인터넷 문학상 수상
제32회 경기도 문학상 소설 부문 우수상 수상

스마트 수필

맛

안은순

음식을 먹을 때 우리는 맛을 느끼며 먹는다. 맛에는 단맛 신맛 짠맛 쓴맛이 있다.

사람들은 요리를 할 때 더 좋은 맛을 찾아 부단한 노력을 한다. 잘 어울리는 재료, 안 어울리는 재료를 따지며 요리에도 궁합이 있다고 말한다.

맛은 음식을 어떻게 교합하느냐에 따라 새 맛이 난다. 재료의 비율을 연구하고 비장의 맛으로 사람의 입맛을 사로잡는 이 모든 노력이 예술이 된 지도 오래 된다. 전에는 들어 본 적도 없는 쉐프라는 직업이 젊은이들 사이에 인기인 것만 봐도 알겠다.

맛은 인간사에서도 소통하는 데 없어서는 안 될 바로미터다. 사람마다 모양이 다르고 성격이 다르고 체격이 다른 것같이 인품도 성품도 제각각이다. 사람의 인상은 맛에서 나오는 것 같다.

밝고 맑고 부드러운 사람이 단맛이라면 차갑고 뚝뚝하고 거친 사람은 쓴맛, 이기적이고 나눌 줄 모르는 사람은 짠맛, 의지박약하여 변덕이 많으면 신맛이라 하겠다.

어느 모임에 가든 우리는 다양한 사람과 만나게 된다. 같은 취미를 가진 사람끼리 모이는 동호회가 있고, 학교를 같이 다닌 동기 모임을 동창회, 고향사람끼리 만나는 향우회 등이 있다.

모임을 결성한 몇 해 동안은 미운 사람, 고운사람 없이 두루뭉술한 덩어리가 되어 의견충돌이 거의 없지만 세월이 흐르면서 하나 둘 본색이 드러난다. 단맛 나는 사람이 있는가 하면 신맛 나는 사람, 쓴맛 나는 사람, 짠맛 나는 사람이 드러난다.

이때부터 모임은 맘 맞는 사람끼리 친해지면서 둘씩 셋씩 패가 갈리기 시작한다. 맘 맞는 사람끼리 따로 모이고, 여행을 가기도 한다.

이때 외톨이로 져지는 사람이 있기 마련인데 외톨이가 되는 사람의 특징은 두 가지로 나눌 수 있다. 첫째는 소극적이어서 끼어주지 않으면 어울리지 못하는 사람이다. 가난하고 못생기고 능력도 없는 데다 성격마저 소극적인 사람이 이에 속하겠다.

또 한 경우는 외모도 준수하고 능력 있고 부유하여 모자란 것이 없는데도 견제를 받는 사람이다. 후자에 속하는 왕따 현장을 나는 초등학교 때 보았다.

일학년부터 줄곧 반장을 하던 우리 반 모범생 반장은

5학년 때 반에서 왕따를 당했다. 반장을 왕따 하며 괴롭힌 애는 최고급 유행 옷을 입고 다니는 활달한 애로 검정 고무신을 신는 우리에 비해 운동화를 신고 무궁화 꽃이 그려진 가방을 메고 학교에 다녔다.

기억나는 것은 그 애의 엄마가 잠자리 날개 같은 화사한 한복을 입고 자주 학교에 들락거렸던 것이 인상 깊다. 그래서인지 그 애는 거침이 없고 기고만장했다. 서울 애처럼 흰 피부에 키가 크고 성격이 거칠고 운동을 잘 했는데 언제부턴가 반장한테 대들고 함부로 대하였다.

반장의 말을 안 듣고 조롱하기까지 했다. 몇 명의 반애들이 그 애와 의기투합하면서 반장은 알게 모르게 왕따를 당했다. 반장의 엄마가 학교에 와서 이런 전후사정 이야기를 선생님한테 알린 것 같았지만 그 애는 더 기고만장하여 어머니한테 일러바쳤다고 일럭배기라는 별명으로 반장을 더 심하게 조롱하고 괴롭혔다.

체육시간에 무엇 때문인지는 기억나지 않은데 반장한테 치마를 올리게 하여 우리 모두가 보는 앞에서 종아리를 때리기까지 했다. 다수의 반애들은 이 모든 것을 안 좋게 보았지만 의기투합된 패거리들의 기세에 눌려 말 한마디 못했다. 오히려 나중에는 반장을 괴롭히는 짓궂음을 우리도 같이 즐기었던 것 같다.

6학년이 되자 학교에선 반을 재편했다. 남녀 비율을 1:1로 하여 남녀 혼합반을 만들었다. 이때 반장과 가해 애는 천행으로 반이 갈리었다. 마침내 반장의 왕따는 끝이 난 것이다. 반장은 괴롭힘에서 풀리기는 했지만 상당히 기가 죽어지내다가 졸업하자 가해 애와는 다른 도시로 중학교를 갔다.

오랜 세월 소식조차 몰랐던 그때의 반장이 동창회에 왔다. 조용하고 말수가 적고 사람을 가리는 것이 수도원의 수녀 같았다.

대화에 끼어들지도 않았고 그림자처럼 뒷전에만 있었다. 오학년까지 우리의 반장이었던 것을 생각할 때 매우 어색하다는 느낌이 들었다. 우리는 반장을 만나서인지 반장을 왕따시킨 가해 애가 궁금해졌다. 아무도 그 애와 소통하는 친구가 없다는 것과 소식마저 듣는 사람이 없다는 것을 알았다.

"못된 년, 누가 그 가시나 하고 친구가 되려 하겠냐!"

여기저기서 그 애를 욕했다. 그런데 피해자인 반장은 그 애가 누구냐며 자기는 모른다고 했다.

"얘 봐, 널 얼마나 괴롭혔는데 기억 안 난다고?"

우리는 너무나 황당하여 그 애가 반장한테 치마 올리게 하고 매질을 하였던 것 등을 이야기해 줬다. 그러자 반장은 오히려 놀라며 '그런 일이 있었어?' 하며 남 이야기처럼 평온하게 말했다. 반장을 데리고 온 동창이 가만히 우리들 옆구리를 쿡쿡 찔렀다.

이야기판은 몇 명이 자리를 뜨면서 유야무야 흥이 가라앉는 것으로 종료됐다. 반장이 가해 애에 대한 분노로 거품을 물고 지난날의 고통을 이야기할 줄 알았던 우리들은 당사자의 전혀 딴판인 반응에 할 말을 잃고 만 것이다. 늦었지만 이제라도 반장의 편이 되어 가해 애를 맘껏 욕해 주려 했는데 어이가 없었다.

인생의 쓴맛 짠맛 신맛을 다 맛본 사람에게서 볼 수 있는 반응이 저런 것인가? 끔찍한 왕따를 체험한 사람으로서 이율배반적인 반응이 나온 것을 보니 분명 정상은 아니라는 생각이 든다.

우리도 상대의 아픔을 배려하지 못한 가벼움을 반성해야 했다. 남의 상처를 터뜨려 보려 했던 심술궂음이 우리들 마음에 내재했음을 인정해야 했다. 얼마나 비열한 태도인가. 반장으로선 어린 시절의 구겨진 자존심을 상기하는 자리가 싫어 망각자세로 의연하게 대처한 것 같다. 반장은 그 뒤로 더 이상 동창회에 나오지 않는다.

일그러진 추억이 남아 있는 동창회는 굿바이하고 싶었을지도 모르겠다. 힘들 때 한 번도 내 편이 되어 주지 않던 동창들이 이제 와서 가해 애를 비난하는 것이 무슨 도움이라고 우리들 장단에 춤을 추겠는가. 차라리 모르는 척 남 이야기하듯 처연함으로 반란한 것이라는 생각이 뒤늦게 든다.

그날 이 후 우리는 가해 애에 대한 뒷담을 스스로 거두고 말았다. 신이 나야 할 대화를 중단시킨 반장의 망각반응은 4차원의 맛이었다.

단맛, 신맛, 짠맛, 쓴맛도 아닌 전방위적 방어를 한 4차원의 맛. 오염된 바이러스 같은 단맛을 한 방에 퇴색시킨, 야구의 홈런과도 같은 성과를 거둔 맛, 나는 이 맛을 감히 4차원의 맛이라고 말해 본다.

안은순

경인일보 신춘문예 등단,
소설집 『하모니카』외 3권,
수필집 『부끄러운 추억』, 한국문인협회, 한국소설가협회, 국제펜 한국본부 회원,
한국크리스천문학상 수상, 한국문인협회 작가상 수상

두루뭉술한 민주주의 교육

김임선

지난밤부터 펄펄 눈이 내렸다. 눈이 온 세상은 하얗고 마당도 나무도 하얗고 뵈는 뭐든 노출된 것은 다 하얗다. 무척 아름답고 부드럽다는 생각도 든다. 그리고 깨끗하고 정돈된 기분이다.

하늘에서 내리는 눈을 보고 있으면 하얀 세상에 흠뻑 빠져들고 눈이 세상을 덮는 날은 뭔가를 보상받는 새로운 마음이 든다. 구질구질한 것을 감춰 다 잊고, 아예 마음에 있는 몹쓸 생각까지도 꺼내서 눈밭에 두고 새하얀 눈을 받아서 하얗게 변하는 게 흡사 무엇이나 공평하고 고운 모습임을 느끼고 만다.

독일의 철학자 피히테는 청소년을 위한 서양철학사에서 국가론을 설명하면서 청소년의 자율성에 대해 '국가나 그 구성원들의 신체나 생명, 재산과 노동의 권리를 보장해 주려면 어느 정도 자유를 제한할 수 있어야 한다'고 했다.

이유는 '폐쇄적인 상업국가가 이상적인 국가이기 때문이다.' 그러면서 독일 교육과 국민 자율성에 대해서 그 시작과 결과를 전쟁의 승리로 증명하고 있었다.

그 전쟁의 승리는 누구의 덕분이었는지 말하고 있었다. 그러나 반면의 거울처럼 작금에 겪게 된 우리나라 민주주의는 어디서 어디까지인지 정신이 어리고 모호하다.

두루뭉술한 민주주의를 부르짖는 게 웃지못할 일로 독소가 번진다. 국민의 한 사람으로선 애매한 생각들이 차고 넘치는 지금의 정치 환경이다. 너도나도 법을 가지고 논하지만, 도덕은 어디에 두고 팽개쳤더란 말인가. 소위 정치하는 이들의 말을 들어 보면 듣는 이를 이유 없이 야비하게 건드리는 무식한 감정 섞인 말이 많고 이에는 반감이 든다.

또 정치가 그들이 불리하거나 유리하면 애매하게 국민을 들추는데 그렇게 국민이 들춰지면 다 자기주장이 통과되는 걸로 꿰맞추는 추세에 있다. 과연 우리 국민은 이 정치가들의 의도에 묻힐 만큼 무지하고 맹목적인 받듦에 들고 있었던가. 혹 착각하는 건 아닌지 사상가나 심리 철학자에 국민 된 선입견을 묻고 싶다.

"태초에 말씀이 있었느니라."라는 성경 말씀과 "태초에 행동이 있었느니라."라는 파우스트(Faust)의 말을 따라가 보면 이는 도덕적 행동반경을 알아차리게 된다. 어떤 제약에 굴복하거나 아니면 이를 극복하는 자유는 내가 선택

할 사고(思考)이다.

    존재감을 가지고 태초의 말씀이든 태초의 행동이든 고민하고 실천하는 건 이 시대를 사는 국민의 저항력이 한몫이다. 특히 청소년들에게 진작부터 부여될 교육이기도 하다. 국민의 선택은 그 기본이 전제되고 언젠가는 자율로 나갈 중차대한 결론으로 나라의 향방까지 정할 근간이나 위기도 된다.

    그래서 피히테는 청소년들의 교육은 국가가 임명한 교육자에 의해서 교육받아야 하고 국가는 교육을 이끌어가야 통일된 방향으로 어린이 교육이 또 어른으로 성장하는 과정이 되어야 한다는 전제가 있었다.

    '국가가 임명한 교육자에 의해 교육을 받아야 한다.' 앞으로 한 시민으로 나아가서 또 개개인이 국민으로 살아가기 위해서 성장을 돕는 길이다. 그런 교육이고 보면 덩달아 교육자도 아무나 할 수 없다. 반드시 국가가 임명한 제대로 된 교육관을 가진 자가 교육해야 한다.

    그 교육자의 국가관이 뚜렷해야 할 일이다. 이는 정당한 국가관을 형성하는 긴 수순(手順)이다. 그리고 사람이 태어나서 처음으로 정규교육을 받는 초등학교 학생의 교육은 매우 중요하다. 따져보면 그래서 초등학교 선생님은 국가가 임명한 국가관이 확실한 교육자로 정해야 한다.

독일은 나폴레옹에 의해서 1807년에 패했다. 독일 국민은 절망에 빠지고 타락하고 독일 사회는 이기심에 짜들었다. 정의와 도덕이 사라진 당시의 독일 사회는 어둡고 절망적이었다. 이때 피를 토하는 심정으로 설교자가 국민 앞에 나서서 말한 철학자가 피히테였다. 그는 1871년 독일 국민은 프랑스를 이기고 돌아오는 영웅 몰트케 원사를 열렬히 환영했으나 독일의 이 사상가 몰트케(Helmuth Karl B. von Moltke, 1800~1891)는 "독일의 승리는 내 공이 아니다. 물론 군인의 공도 아니다. 초등학교 선생님들의 공이다. 이 모든 영광을 초등학교 선생님들에게 돌린다"고 말했다.

독일이 프랑스에 패하고 64년 동안 초등학교 선생님들이 교육을 제대로 한 덕이란 뜻이다. 이기심으로 가득 차 있었던 독일 국민의 정신을 정당한 교육자를 통해서 초등교육에서 국가 혼을 불어넣고 교육한 덕분이다. 국가가 지향하는 민주주의 교육이 시민에게 미치는 영향이 국민성을 이루는 근간이 되었다. 그러나 너도나도 다 잘나서 우리나라가 잘사는 걸 인식하는 이기심은 좋은 일은 아니다. 철학자 피히테(Johann Fichte, 1762~1814)가 독일 국민에게 고한 연설은 군대가 약한 게 아니라 국민정신이 타락

했다고 전제했다.

 우리나라는 어떠한가. 그 당시 독일로 미루어보면 우리나라도 뭔가 잘못되고 부족한 것은 교육이 아니런가. 독일과 같이 이런 국민정신을 이끌어 갈 국가관의 인재들은 오늘날 정치 위기에 있단 말은 아닌가. 아니 우리들의 신체와 생명, 재산과 노동의 권리를 보장해 주려면 어느 정도 자유가 제한되어야 함을 인식하고 나라가 위기일 때 이상적인 상업 국가에 맞춤은 요원한 일이다. 지금이라도 몰트케가 말한 것처럼 정신교육의 근간이 되는 초등학교 선생님을 믿고 교육에 틀을 닦고 있는 우리나라인가? 이 기심 많은 학부모나 교사가 나서서 이들에게 감 놔라, 대추 놔라, 간섭하지 않고 참 국가관의 정신을 가르치라 할 것인가? 묻고 싶다.

 하늘을 다 차지하고 펄펄 내리는 눈이 언 땅도 하얗게 덮는다는 사실을 인식한다면 오늘같이 눈이 내리는 정경을 보고 곱다고만 할 것인가. 한편, 추운 겨울이 있어야 세상이 하얗게 변하듯이 초등학교 선생님의 기본 시민정신으로 국가관이 심어져야 국가는 국가관을 새길 일이나 기회가 주어진다.

 자, 일본은 일개 지방 공무원이 거머쥔 전문성을 아무리 윗자리의 상사라도 함부로 할 수 없다고 한다. 우리도

외적에 수없이 땅은 빼앗겨도 백의민족으로 정신을 보듬었다. 한국의 백의(白衣)를 더럽히지 않을 정신을 국가관으로 다져도 올 봄이 더디지 않을 터다.

태초에 말씀이나 태초에 행동으로 이왕에 본 눈을 살펴서 대한민국의 국민정신을 민주주의로 길들이는 일에 각각 지닌 전문성을 살려가며 길러보자. 특히 차후엔 애국의 근간이 되는 초등학교 선생님들을 비롯하여 독일처럼 그 기본 공교육을 세워놓고 먼 날은 애국도 다지고 결과도 따져 보자!

김임선

「문예시대」 등단
초등학교 교사 43년 근속
전쟁문학회 부회장 역임
미소문학회 대상, 경기도문학상 본상 수상
현) 실버넷뉴스 기자
(http://www.silvernetnews.com)

‖ 증언 ‖

탐진강 상류

최건차

내가 다섯 살 때인 1945년 우리 집은 일본에서 해방을 맞아 그 해 12월 귀국했다. 일본에서 가까운 부산에 정착하려는 중에 일단 전라남도 장흥의 외가를 찾아갔다. 이때 해산이 임박해진 어머니가 몸져눕게 되어 금방 떠나지 못하게 되었다.

아버지는 유치면에 비자나무 숲이 우거진 주변과 천년의 고찰을 보고 나서 누워 있는 어머니를 위해 금성리 앞 길갓집을 사 머물면서 면 호적 서기를 맡으셨다.

유치면有治面은 주변의 면들보다 갑절은 더 넓은 곳이었다. 사방이 4개 군 6개 면(장흥군의 장평면, 장동면, 부산면, 영암군 금정면, 강진군 옴천면과 화순군 도화면)에 접하여 산으로 빙 둘러싸여 있는 탐진강 상류의 넓은 분지였다. 풍광이 수려하고 깊은 골짜기가 많아 온갖 조수鳥獸와 산나물이며 약초가 많은 천혜의 고장이었다. 더욱이 인도와 중국에만 있다는 보림寶林이었던 선종禪宗이 신라 때 처음 들어와 세워진 곳이다. 지금도 그곳 유치면 봉덕리 가지산 아래에는 세계

3대 보림이라는 천년이 넘는 보림사가 있어 인근 불자들은 물론 전국에서 많은 사람들이 찾아들고 있다.

탐진강은 영암군 금정면 궁성산 범바위골에서 발원하는데, 어머니는 강 상류의 물가 동네인 용문리에서 태어나셨다. 유치면 암천리와 조양리를 거치면서 면 전역을 적시고 이웃 부산면과 장흥 읍내를 거쳐 강진만으로 빠진다. 외갓집은 용문리 일대에서 농지를 많이 소유하고 있었는데, 동학도들이 들이닥쳐 장흥읍에서 가까운 부산면 구룡리로 옮겨 살게 되었다고 한다. 해방 후에는 유치면 일대가 지리산에 버금가는 빨치산들의 활동무대였고, 남한의 모스크바로 불릴 정도였다고 한다. 우리는 일본에서 금방 나왔기에 그런 상황을 잘 모르고 있었지만, 그곳에서는 해방을 맞으면서 밤손님(초기의 빨치산)들이 은밀하게 공산주의 활동을 벌이고 있었다.

1946년 이른 봄의 밤이었다. 우리 집에서 가까운 금성리에 한 무리의 밤손님들이 나타났다. 그들은 동네 구장을 밖으로 끌어내어 죽창으로 찔러 죽이고, 왜정 때부터 유치면 지서 경찰관으로 권세를 부리던 그의 큰아들은 도망을 치다가 붙잡혀 무참하게 살해당했다. 이때부터 그들은 밤마다 여러 마을에 나타나 비번이 되어 집에 잠깐 들른 경찰관을 붙잡아 죽이고, 우익계 인사들과 유지들을 납치 상해를 해대고 있었다. 장흥재판소에 계셨던 큰 외숙의 사촌이었던 분이 유치초등학교 교감이었는데, 밤손님들에게 강제로 납치되어 간 바람에 외갓집 분위기가 심각해졌다.

우리 집은 금성리 앞을 떠나 면소재지 인근의 냇가 마을인 '강동江東'에서 살았다. 외가에서 준 논밭이 있었고 아버지의 면서기 봉급으로 당분간은 무탈하게 생활할 수 있었다. 하지만 이념투쟁을 벌이고 있는 밤손님들에게는 큰 변수가 생겼다. 여수 14연대가 반란군이 되어 진압군에 쫓기다 그 일부가 탐진강 상류로 숨어든 것이다. 그들은 상당한 병력에 최신 미제 M1소총과 기관총이며 박격포 등으로 무장을 했기에 밤손님들은 그들에게 흡수되어 반란군이 판치는 세상이 되고 말았다.

1949년 초여름에 반란군들에게 경찰관이 또 한 명 살해됐다. 장례를 치르려고 유치면장, 지서장과 경찰관들이 4/3톤 차량에 탑승하여 장지로 향했다. 사망한 경찰관의 장지가 영암군 금정면이라 유치면 조양리에서 '덤재'를 넘어가다가 백주에 반란군의 기습을 받아 전원이 살해되고, 차량과 함께 참혹하게 불태워진 사고가 발생했다. 이에 광주에 주둔하고 있던 국군 제20연대의 2개 중대가 급히 내려와 반란군 소탕 작전을 한창 펼치는 중에 북한의 불법 남침으로 6·25전쟁이 발발했다.

이 무렵 대한민국을 '조선민주주의인민공화국'으로 만들려고 했던 김일성의 남침 계획은 미군의 낙동강 방어와 인천 상륙전으로 무참하게 무너지고 말았다. 한편 낙동강에서 후퇴하던 인민군들의 일부가 지리산과 순창 회문산, 탐진강 상류 암천리 등으로 유입되고 있었다. 그들이 기존 반란군과 합세하면서 병력과 무기가 더욱 막강해졌다. 이 때를 기점으로 지리산과 남한 일대에서 활동하는 반란군들을 일컬어 '빨치산'이라고 했다. 유치면 일대는 장흥군 기동대가 전위부대였으나 병력과 무기가 빈약했다. 전라남도 기동대가 배후에 있었고, 노령산부대와 송악산부대는 전라남도 빨치산 사령부가 있는 유치면 암천리를 경계하는 그들의 방패막이었다.

어느 날 낙동강 전선에서 싸웠던 인민군 최정예부대라는 ○○부대를 맞이할 준비를 하게 되었다. 그들은 1개 대대 정도의 규모로 1950년 11월 하순의 어느 날, 우리 마을에 나타났다. 저녁 무렵, 전설적인 부대로 알려진 인민군들이 말을 탄 그들의 사단장을 호위하고서 마을 앞 빈 논에 집결하였다. 북으로 돌아가려는데 식량과 보급품이 떨어져 당장에 필요한 것을 충당하려는 것이었다. 어떻게 연락이 되었는지는 알 수 없으나 십여 일 전부터 우리 마을과 인근의 주민들에게 어른들이 나들이 할 때 신을 수 있는 짚신을 가구당 열 켤레씩 삼아놓으라는 지시가 있었다.

그리하여 ○○부대가 도착하기 한나절 전부터 우리 집에 진을 치고 있던 장흥군 당위원장과 그의 부하들이 동네 부녀자들을 총동원하여 식사 준비를 서둘렀다. 소 한 마리를 잡아 국을 끓이고 삼백여 명이 먹을 밥이 준비되어 있는 중에 신기루처럼 나타난 인민군들이 짚을 깐 논바닥에 줄을 지어 앉아 쇠고깃국에 밥을 먹었다. 주먹밥은 배낭에 넣고 준비해 낸 짚신으로 신발을 갈아 신고 두세 켤레씩은 배낭에 달아매고 사단장이 말을 타자 어둠이 짙어가는 암천리 쪽으로 사라졌다. 후일 그들이 팔로군 출신의 인민군 6사단 '방호산부대'라는 것을 알게 되었다. 그들 일부는 지리산으로 들어갔고 방호산과 나머지는 계속 올라가 38선을 넘어 북한으로 갔다고 했다. 그때만 해도 탐진강 상류는 빨치산의 세가 막강한 그들의 해방구였다.

해가 바뀌어 경찰로는 경계가 어려워 군인들이 빨치산 토벌대로 투입되었다. 주야로 판이 바뀌는 통에 지역 주민들의 피해는 낮과 밤으로 운명이 갈리었다. 낮에는 군경토벌대가 왔다 가고, 밤에는 빨치산이 지배하는 판국이었다. 주민들은 군경에게는 빨치산에 협조했다고 당하고, 빨치산들은 군경에 동조했다고 반동으로 몰아 죽이는 바람에 '밤새 별고 없으셨는지요?'라는 위험한 삶을 이어갔다.

내가 초등학교 3학년 때 6·25가 발발했고, 나는 빨치산 소년단이 되었다. 1950년 가을부터는 지리산을 중심으로 한 남한 일대의 빨치산을 소탕하는 작전이 전개되었다. 남원에는 '지리산 남부군 빨치산 토벌 작전사령부'가 설치되어 군경이 합동으로 소탕 작전에 돌입했다. 빨치산의 성지聖地로 알려진 지리산의 전초기지였던 순창의 회문산 전북도당 사령부가 토벌군에 함락되었다. 그곳에서 탈출한 빨치산들과 그들을 따르던 주민들이 탐진강 상류까지 쫓겨 왔다. 나는 미리 숨어 있으면서 포위망에 든 빨치산들과 따라온 양민들이 군경토벌대의 총격에 당하는 것을 보았다.

그 당시 지리산 다음으로 빨치산들의 활동이 왕성했던 곳이 '탐진강 상류였다. 유치면 암천리에 막강하게 진을 치고 있던 전라남도 빨치산 사령부가 군경의 엄청난 병력과 총 포탄 세례를 받고 처참하게 괴멸되어 버렸다. 그때 이후로 빨치산들이 공식적으로 소탕되었다는 판단에 남은 잔당들을 '공비共匪'라며 잔여 소탕 작전을 계속 펼쳤다. 우리 동네에는 인민군 포로 전향자들로 조직된 공비 소탕을 위한 특공대가 들어와 있었다. 그들 중에는 평양에서 중학교 선생이던 이도 있고, 다양한 경력자들이 있었는데, 우리 집에 두 사람이 배당되어 숙식을 같이하고 있었다.

1952년 봄이었다. 공비들이 식량을 구하러 이웃 마을에 나타났다는 정보가 입수됐다. 이때는 군인들이 다 떠나고 경찰들에게 공비를 소탕하라는 상부의 명령이 내려져서 경찰과 특공대가 매복에 들어갔다. 배고픔을 참지 못하고 식량을 구하려고 마을로 접근하고 있는 공비 세 명을 발견, 즉시 집중사격으로 한 명을 현장에서 사살하고 두 명은 놓쳐버렸다는 것이다. 봄비가 부슬부슬 내리는 아침에 경찰과 특공대원들이 짚으로 만든 들것에 키가 커 뵈는 공비의 시체를 담아다가 하필이면 우리 동네 앞 길가에 놔두었다. 나는 학교 가는 길에 얼핏 보고 갔는데, 이웃 부산면에서 가족들이 찾아와 시신을 수습해 가면서 오열하는 것을 보았다.

아버지가 부산에 가셨던 1952년 초여름, 어머니와 우리 5남매는 먹을 것이 없어 굶주리고 있는 밤이었다. 누가 문을 밀치고 들어와 누워있는 우리를 깨웠다. 낡은 복장의 두 사람이 '우리는 빨치산'이라며 먹을 것을 내놓으라는 것이다. 어머니가 "우리도 양식이 없어 굶고 있어요. 뒤져보고 가져가시오"라는 말에 두리번거리며 뒤져보다가 아무것도 찾지 못하고 가버렸다. 그것이 내가 그간 내가 봤던 '밤손님-반란군-빨치산-공비와 잔비殘匪'였던 공산잔당들의 마지막이었던 것 같다.

우리는 가진 것들을 다 잃고 목숨만 겨우 보전한 채 그곳을 떠났다. 애초에 정착하려 했던 부산으로 가 북에서 내려온 피란민들과 같이 영도에서 살았다. (2024. 8.)

최건차

월간 「한국수필」, 「창조문예」 등단,
수필집 『진실의 입』, 『산을 품다』 외,
한국문협한국수필문학가협회 이사,
수원 샘내교회 담임목사

하나님 전 상서

이중택

수업을 마치고 집으로 돌아가는 소년의 발걸음은 무거웠다. 학교 선생님은 진학을 재촉했고 부모님은 보내줄 수 없다고 말씀하셨기 때문이다. 학교에서는 공부 잘하는 학생이 진학을 포기하니 아쉬워했고 집에서는 늦둥이로 태어나 총명하기 이를 데 없는 아들의 앞길을 도와주지 못하니 아쉬워했다. 이런 상황에서 가을이 깊어가니 소년의 마음도 무거울 수밖에 없었다. 집에 와서도 책 보따리를 풀지 않고 방구석에 앉아 상념에 젖어 있던 소년은 대답 없는 메아리를 기다리며 허공을 향해 무언가를 외치곤 했다.

이런 행동을 반복하길 며칠, 어느 날 소년은 해답을 찾은 듯 얼굴이 갑자기 밝아지기 시작했다. 교회학교 선생님의 말씀이 한 줄기 번개처럼 그의 머릿속을 스쳐갔기 때문이다. 교회에서 유년부 선생님은 학생들에게 기도를 강조하곤 했다. 하나님은 전지전능하시고 아버지 같은 분이어서 우리의 소원을 해결해주시는 것을 즐겨하시는 분이니까 어려운 문제가 있으면 망설이지 말고 하나님께 기도해야 한다고 가르쳤던 것이다.

소년은 하나님께 편지를 쓰기로 했다. 기도하는 심정으로 간구의 내용을 편지에 담아 하나님께 보내고 싶었다. 그는 이내 편지지를 꺼내어 쓰기 시작했다.

하나님 전前 상서上書

하나님, 그간 안녕하신지요? 저 오○○입니다. 제가 지금 중학교 진학을 해야 하는데 집안이 가난해서 도저히 갈 수가 없습니다. 교회에서 선생님이 말씀하시길, 하나님은 전지전능하셔서 못하시는 것이 없고 세상 만물이 다 하나님 것이어서 상상하기 어려울 정도로 부자라고 들었습니다. 그리고 저희들의 아버지가 되시기 때문에 자녀인 저희들의 소원도 잘 들어주신다고 들었습니다. 그러니 저를 불쌍히 여기셔서 저의 진학문제를 좀 해결해주세요. 꼭 좀 중학교에 보내주시기 부탁드립니다. 장차 훌륭한 사람이 되어서 하나님을 기쁘게 해드리는 사람이 되겠습니다.

오○○ 올림.

편지를 다 쓴 소년은 편지지를 봉투에 넣은 다음 수신인 주소란에 '하늘에 계신 하나님께'라고 쓰고 우체통에 넣었다. 다음 날 우체통의 편지들을 수집한 배달부는 소년의 편지를 보고 난감한 표정을 지었다. 꼬마들의 장난스런 편지 같기도 하고 불특정 다수를 불안하게 하는 수상한 편지 같기도 했기 때문이다.

배달부는 망설였다. 전달은 해야겠는데 수신인 주소가

없다. 그래서 가까운 교회에 전달하기로 하고 대상자를 물색했다. 마침 가까운 곳에 교회가 있어서 찾아갔다.

이○○ 목사를 만나 찾아온 경위를 설명하고 편지를 전달했다. 목사님은 편지를 읽고 감동했다. 즉시 그 소년을 불러서 자초지종 설명을 듣고 대학까지 장학금을 주기로 약속하며 열심히 공부하도록 격려했다. 소년은 뛸 듯이 기뻤다. 얼마나 기쁜지 하루해가 길게 느껴질 정도였다.

겨울이 지나고 드디어 중학교에 입학했다. 소년은 목사님의 후원에 보답하듯 열심히 공부해서 두각을 드러냈다. 교회예배에도 열심히 출석했으며 목사님을 아버지처럼 섬겼다. 목사님의 총애를 받는 양아들이 되다시피 했다. 중학교를 마치고 좋은 성적으로 고등학교에 진학했다. 여기서도 모범생이며 성적도 우수했다.

고등학교를 마친 후에는 진로문제로 고민하다가 복음 전하는 자가 되기로 결심하고 신학대학에 진학했다. 학교는 목사님의 추천으로 한국신학대학에 입학했다. 신학을 공부하면서 그는 하나님의 살아계심을 더욱 더 확신했다. 하나님을 더 알고 싶은 욕심이 일어났다. 알면 알수록 학문의 깊이는 무궁무진했기 때문이다. 그래서 대학원에 진학했다.

여기서 2년을 더 공부하고 시골 오지에 있는 교회의 전도사로 부임했다. 순진하기 이를 데 없는 교인들과 함께 울고 웃으며 2년을 섬겼다. 학문을 통해서 배운 하나님, 자신이 체험한 예수님을 전하는 좋은 기회였다.

지금도 잊지 못하는 아름다운 추억의 시간들이다. 2년간의 전도사 생활을 마무리한 그는 다시 스위스에 유학했다. 5년 동안 눈물겹도록 열심히 공부하여 바젤대학에서 박사학위를 받았다.

1983년 귀국해서는 모교인 한신대학의 조직신학 교수가 되었고 후에 총장까지 역임했다. 총장시절에는 낙후된 캠퍼스를 신축하기 위해 눈물로 기도하며 동분서주하신 분이다. 그는 하나님의 은혜가 너무도 고마워 항상 감사의 고백 위에서 하루를 시작한다.

그의 삶은 학문 연구에만 열심인 것이 아니라 기도를 통해서 영적체험을 많이 하시기도 한다. 이런 생활은 은퇴하신 후에도 계속되었다. 그래서 지금은 어디든지 달려가서 복음 전하는 총장 목사님으로도 통한다.

이중택

『한국크리스천문학』으로 등단
한국크리스천문학가협회 회원
연세대 연합신학대학원 졸업
수필집 : 『하나님의 심부름꾼』, 『목사가 죽어야 예수가 산다』, 『죽어서 별이 된 사람들』, 『교회는 지금 몇 시인가』, 『거룩한 순교자』, 『신을 만난 사람들』,

수렁에 빠져도 별은 보인다

조미구

내가 소설가로 등단한 지 7개월쯤 됐을 때이다.

작가 모임에 스마트 소설 한 편을 써서 제출해야 했다. 그런데 내 머릿속에는 소설 소재로 좋은 아이디어가 하나도 떠오르지 않았다.

소설 작법을 지도해주신 스승님께 스마트 소설 2편을 써서 보여드리고 어떠냐고 여쭈어 봤다. 스승님은 내용이 너무 무겁다고 하시며 설명하지 말고, 그려야 한다고 하셨다. 그리고 70%는 다른 작가의 작품을 읽고 30%는 내 작품을 쓰라고 하셨다.

나는 도서관과 집에 있는 잡지에 수록된 스마트 소설들을 읽어봤지만 무슨 내용인지 이해가 잘 가지 않았다. 게다가 새롭게 내 작품을 써내기는 더 어렵다는 것을 깨닫게 됐다. 7개월 전에는 어떻게 단편소설을 5편씩이나 써냈는지 신기하기만 했다.

나는 아이디어의 고갈이 온 것을 실감했다. 주위에 물어볼 사람도 없어 직장 다니는 친구에게 고민을 털어놓았다.

"소설 쓰는데 좋은 소재가 없어서 그래. 너 무슨 좋은 생각 없니?"

했더니 친구의 대답이 가관이었다.

"야! 나도 만날 회사에서 좋은 아이디어 없냐고 닦달인데 너까지 그러니? 원래 소설 쓰기는 어려운 거야. 소설은 무슨 이야기든 쓰고 파 다듬듯이 몇 번씩 고치되 비석에 문자 새기듯 정성껏 다듬어야 하는 법이야."

처음 작가로 등단했을 때다. 그래, 나의 갈 길이 바로 이 길이야. 소설가가 내 꿈이었고 갈 길이야 하고 세상이 다 내 것인 듯 느껴졌고 창작 욕구도 솟았다.

이제야 세상이 날 알아본다고 하면서 주위 사람들에게 내 작품이 실린 잡지를 자랑스럽게 나누어주었다. 다들 소설을 읽어보고 재밌었다, 후편은 언제 나오냐며 칭찬해 주는 평을 들으면서 기뻐했는데 몇 개월이 못 가서 벽에 부딪혔다. 작가가 된다는 것이 끝이 아니라는 것을 실감했다.

겨우 7개월이 지났는데 내 실력은 딱 거기까지였다. 나는 우울증에 걸릴 지경이었다. 스승님이 알려주신 대로 70%는 다른 작가들 작품을 읽으라고 해서서 실천했다. 그런데 남의 작품을 읽다가 나도 모르는 사이에 잠들어버리는 날이 많았다. 나의 작품 30% 쓰기는커녕 집안일 하라 식구들 밥해주고 나면 소설 쓸 시간이 없었다. 생각다 못해 남편에게 멋지고 좋은 소설을 쓰고 싶은데 좋은 소재도, 아이디어도 생각나지 않는다면서 도움을 청했다.

남편은 나를 위해 여름휴가를 맞아 가족 여행을 다녀오자고 했다. 새로운 환경에서 관광을 하고 맛있는 음식도 먹다 보면 좋은 소재가 떠오를 것이라면서 위로했다.

그리하여 우리 세 식구는 필리핀으로 여행을 하기로 했다. 그런데 인천공항에 도착해서 비행기에 짐을 부치려는데 한 가지 문제가 생겼다. 아들이 농구를 너무 좋아해서 농구공을 가져왔는데 공의 바람을 빼야 탑승할 수 있다는 것이었다. 우리가 공항에 도착한 시간이 밤 11시라 어디도 도움 받을 데가 없었다. 그냥 농구공을 버려야겠다고 포기하고 화장실로 가는데 경찰 제복 차림의 사람이 보이기에 다가가 물었다.

"혹시 경찰이신가요?"

"경찰은 아니고 공항 직원입니다."

"아, 그러세요. 우리 아들이 농구공을 가져왔는데 비행기에 타려면 바람을 빼야 한다는데 좋은 방법이 있을까요?"

"그 공 바람을 빼 드릴게요. 가져오세요."

그 직원은 바람을 넣고 빼는 기구를 가지고 있었다. 그래서 다행히 바람을 뺐다. 우리는 그분에게 고맙다는 인사를 하고 바로 탑승할 수 있었다.

우리는 필리핀 마닐라를 주로 여행했다. 마닐라 여행에서 가장 기억에 남은 곳은 성 어거스틴 성당이었다. 이 성당은 1571년에 짓기 시작하여 1607년에 36년 만에 완공했다고 한다. 임진왜란이 1592년에 일어났으니 성당이 지어진 시기와 비슷했다. 우리나라는 갓 쓰고 가마 타고 다닐 때 그 당시 필리핀에서 이렇게 큰 석조 건물을 지었다니 놀라지 않을 수가 없었다. 성당의 아치형 천장에 있는 석조 조각들과 스테인드 글라스 창들도 너무 아름다웠다. 내가 성당을 둘러보며 깨닫게 된 것이 하나 있었는데 그것은 바로 멋진 성당을 하나 짓는데 36년이나 걸렸는데 나는 소설쓰기를 배운 지 2년도 채 안 됐는데 금방 좋은 작품들을 쉽게 쏟아내겠다는 욕심만 너무 과했구나 하는 자책이었다. 하루하루 차근차근 작품을 꾸준히 쓰고 노력해야 하는데 아이디어가 안 떠오른다고 불평을 하고 있었던 내 모습이 부끄럽게 느껴졌다.

또 베니스 그랜드 캐널 몰이라는 곳도 찾았는데 이곳은 필리핀 사람들이 이탈리아 베니스에서 영감을 얻어 유럽형 건물들 사이에 운하를 내고 곤돌라를 띄운 쇼핑몰이었다. 이곳은 외국에서 구경 온 여행객들도 많이 찾는 관광명소가 되어 있었다. 이곳에서 나는 왜 스승님께서 나에게 남의 작품 70%를 읽고 내 작품 30%를 쓰라고 하셨는지 그 이유를 알 수 있었다. 만약에 필리핀 사람들이 처음부터 독자적으로 마닐라 도시 한가운데에 운하를 만들려고 했다면 만들기도 어려웠을 것이고 지금처럼 곤돌라를 띄울 생각도 못했을 것이다. 하지만 이탈리아 베니스를 다녀온 사람들이 그곳을 모델로 해서 비슷하게 설계했으니까 지금처럼 멋진 관광지를 만들 수 있었다는 것을 알 수 있었다. 한마디로 벤치마킹을 하여 소설 작품들을 쓰라는 말씀이었나 보다고 알게 되었다.

나는 4박 5일간의 여행을 꿈결처럼 마치고 귀국했다. 남편 덕에 생각지도 못하게 다녀온 필리핀에서 내가 고민하던 소설쓰기에 대한 실마리들을 깨닫고 왔으니 큰 수확이었다.

이윽고 작가 모임이 2주 앞으로 다가왔다.

스승 작가님께서 내가 작가로 등단할 때 끝까지 포기하지 말고, 죽을 때까지 작품을 써야 한다고 충고해 주셨던 말씀도 떠올랐다.

그래, 너무 어렵게 생각지 말고, 내가 겪었던 일들을 소재로 글을 써보자. 소설이 어려우면 내 경험을 토대로 수필을 써보자. 지금은 내가 수렁에 빠진 것 같지만 하루

하루 차근차근 써보자. 나는 이 길을 지나면 밝은 빛을 만날 것이다. 내 앞의 터널은 끝이 날 거야. 수렁에 빠져도 별은 볼 수 있는 것이니까!

남의 작품 읽기 70%, 내 작품 쓰기 30%, 어떤 소재든 부지런히 쓰자. 베스트셀러 작가가 되어 아름다운 별처럼 빛날 그 날까지!

조미구

서울대학교 식품공학과 졸업, 숭실사이버대 방송문예
  창작학과 졸업
「영남일보」주부수필대회,「크리스천문학나무」소설 등단
독서논술지도사, 책놀이지도사, 문예지도사, 융합스토리텔링 전문가
단편소설『아홉 빛깔 사랑』
현 조이록북스 출판 대표, 새샘물교회 사모

출판계 알레고리(7)

하필 허당에 빠진 국자 / 충청도 사투리로 쓴 / 명랑 소설

넷째 남자(7)

심혁창

신사가 파랗게 굳었다

다음 날 허당은 정거장에서 책 나누어주기를 마치고 서울행 버스를 탔다. 버스가 고속도로를 달리는 동안 생각했다.

'그 신사가 어제는 백삼십만 원에 책을 팔고 나한테는 오십만 원을 준 거다. 더 받았으면 나한테도 더 주어야 하지 않아. 오늘도 오십만 원만 주면……'

버스가 터미널에 도착하고 차에서 내리자 신사가 반갑게 맞이했다.

"고맙소. 약속을 잘 지켜주어 고맙소."

허당이 책을 건네기 전에 입을 열었다.

"선상님, 이제부터는 책을 가지고 올 수가 없는데 우짜지유?"

"왜 무슨 일이 있습니까?"

"야, 우리 책 곳간 주인이 그렇게 귀헌 책을 오십만 원밖에 못 받아오려면 그만 가져가라시네유."

신사가 놀란 소리를 했.

"네에? 그러면 얼마를 받아 오라시나요?"
"적어도 한 권당 150만 원은 받아야 헌다네유."
신사가 파랗게 굳었다.
"그, 그 말이 정말입니까?"
"야."
"그건 말도 안 됩니다. 그런 고물을 오십만 원씩 주는 것도 내 주머니를 털어서 드리는 건데……."
허당은 신사가 거짓말하는 것을 알면서도 시치미를 뚝 떼고 대답했다.
"그러시겠쥬. 나라도 그런 책 만 원에도 안 사겠구먼유. 그런데 우리 곳간 주인은 책에 대하여 빠꿈이라고 소문이 날 정도로 책을 잘 알고 있어서 고서를 나한테 주면서 백만 원이 넘는 보물을 그냥 주는 거다 하셨거든유."
"일단 오늘은 전처럼 드릴 테니 오십만 원만 받으시고 주인어른한테 잘 말씀드리세요."
"야."
신사는 책을 받아들고 역시 어제 그 다방으로 갔다. 허당도 능숙하게 뒤를 밟아 어제처럼 신사와 등을 대고 뒤에 앉아 두 사람이 하는 소리에 귀를 기울였다. 신사가 노신사한테 말했다.
"회장님, 아무래도 찾으시는 고서는 더 이상 구하기가 힘들어졌습니다. 고서를 가지고 있는 사람이 돈맛을 알고 권당 삼백만 원을 달라고 합니다. 제가 무슨 재주로……."

"그건 너무하는 것 같은데 생각해 보십시다. 혹시 선생께서 욕심을 부려 보자는 것은 아니겠지요? 자, 오늘 것은 특별히 150만원을 쳐주겠소"

그렇게 하고 두 사람은 다방에서 나갔고 신사는 신사대로 어디론가 갔다. 허당은 노신사가 어디로 가는 누구인지를 알아볼 심사로 그 뒤를 밟았다. 노신사는 바로 가까이 있는 높고 큰 빌딩 안으로 들어갔다. 빌딩 경비원들이 두 줄로 서서 노신사를 향해 일제히 허리를 굽히고 경의를 표했다. 대단한 지위를 가진 사람 같았다. 허당이 문 앞에서 어정거리자 경비원이 다가와 물었다.

"어디를 찾으십니까?"

"길을 찾는 게 아니구유. 지금 막 들어가신 노신사분이 누구신지 궁금혀서……."

"그 어른은 우리 회사 회장님이십니다."

"그렇게 높은 분이신 줄 몰랐구먼유. 내일 다시 찾아올 게유."

"뭐 꼭 전해드릴 말씀이 있으신가요?"

"아녀유. 내일 와서 뵐 게유."

오빠, 오빠!

허당은 돌아서서 빙긋이 웃으며 버스 터미널로 향했다. 돌아와 책 곳간으로 들어가자 하우가 기다리고 있었다.

"어디를 갔다 와요, 허당 씨."

"서울 좀 다녀 왔쥬."
"서울은 왜요?"
"좋은 일이 생겨서 날마다 한 번씩 다녀올 거구먼유."
"무슨 일인데요?"
"좋은 일이니께 묻지 말어유."
하필이 이층에서 내려다보고 물었다.
"책값은 받아온 겨?"
"야."
"빨리 올라와 주문서에 있는 책 좀 찾아봐. 꼬부랑글씨로 된 주문서는 뭐가 뭔지 모르것어."
"어른께서 모르는 걸 제가 아남유?"
"허긴 그려, 허당이 뭘 알것어. 묻는 내가 바보지이."
하당이 이층으로 올라가 주문서를 들고 찾았다. 영어로 된 것이라 하필이뿐 아니라 하우도 제대로 찾지 못하고 있던 터였다. 허당이 이리저리 누비고 다니며 책을 뽑았다. 신기한 생각을 한 허우가 물었다.
"허당 씨, 정말 다 알고 찾는 거예요?"
"야, 아무것도 아닌 것들이네유. 다행히 주문서에 있는 책들이 다 있어유."
하우는 허당이 자기보다 실력이 월등한 인물이라는 걸 느꼈다. 그 순간 갑자기 허당 씨라고 부르면 안 될 것이라는 생각도 들어서 호칭을 오빠로 하기로 했다.
"오빠!"

허당이 두리번거리며 물었다.

"누가 왔나유?"

"호호호, 그 사람이 왔어요."

허당이 또 두리번거렸다.

"어디 있는대유? 아무것도 안 보이는구먼유."

하우가 손가락으로 허당을 가리키며 깔깔거렸다.

"호호호, 여기 있잖아요. 내 손가락 끝에."

허당은 뒤를 돌아보았지만 아무도 안 보여서 물었다.

"누가 있어유. 아무도 안 보이는대유."

하우가 허당 눈을 찍듯이 가리키며 선언했다.

"이제부터 허당 씨라고 하지 않기로 했어요. 허당 오빠, 아니 그냥 오빠라고 부를 거예요."

허당이 놀라서 물었다.

"나를 오빠라고 부른다규?"

"예스, 호호호……."

허당은 갑자기 굉장한 대접을 받는 거 같고 기분이 업 되어 소리쳤다.

"하우두유두!"

"호호호호."

아래층에서 일하던 하필이 두 사람 웃는 소리를 듣고 귀를 바짝 세웠다. 이것들이 또 붙어서 헤헤거리는 게 아닌가 싶어서 호통을 쳤다.

"뭣들 혀어? 책은 안 찾고 왜 또 시시덕거린녀어?"

허우가 대답했다.

"책 다 찾았어, 아빠."

"그럼 넌 거기서 시시덕거리지 말고 어서 내려와야!"

"싫어. 난 오빠하고 놀다 내려갈 거야."

오빠라고? 하필이 뒤통수를 얻어맞는 충격을 받았다. 허당이를 오빠라고? 누가 지 오빠여? 하필은 부아가 나서 더 큰소릴 질렀다.

"둘 다 내려와야! 내가 참지 않을 거어!"

이 고물딱지도 책이오?

하우하고 허당이 이층에서 내려왔다. 하필이 대단한 뭐라도 할 것처럼 소리치더니 꼬리를 내렸다.

"그래 꼬부랑글씨도 다 찾은 거어?"

하우가 웃으며 대답했다.

"오빠가 다 찾았어. 오빠 짱이야."

하필이 기가 차서 아무 말도 못했다. 허당이 정말 꼬부랑글씨 책을 찾았다는 것인지 의심이 갔다. 허당이 그런 글씨도 읽을 줄 안다면? 우습게 여기던 허당이 자기보다 뭔가 더 아는가 싶었지만 그래도 하우 짝은 아니라고 머릴 저었다.

"허당이 책 찾느라 수고한 것 같여. 그만 돌아가 봐."

다음 날 허당은 고서 두 권을 들고 서울 그 큰 빌딩을 찾아갔다. 빌딩 앞에는 경비원이 경찰보다 더 멋지게 차리고 엄숙하게 출입구를 지키고 있었다.

허당이 가까이 가서 어정거리자 어제 보았던 경비원이 다가와서 물었다.

"왜 또 오셨소?"

"안녕하세유?"

"누굴 찾으시나요?"

"야."

허당은 들고 온 고서를 내밀며 말했다.

"미안허지만 이 책을 회장님께 보여드리고 무슨 말씀을 허시는지 듣고 싶구먼유."

경비원이 시커먼 고서를 들여다보며 물었다.

"이것도 책이라고 가지고 오셨소?"

"야."

"우리 회장님이 이런 책을 보실 분 같소? 그냥 가지고 가시오."

"그러시지 말고 지가 부탁드린 대로 회장님한티 갖고 가서 안 받겠다고 하시면 도로 가지고 오세유."

"허허, 참 별 사람 다 보겠네. 어디서 이런 고물딱지를 가지고 와서 하늘같은 회장님한테 드리라는 것이오?"

이때 다른 경비원이 다가와 물었다.

"김씨, 무얼 가지고 그러나?"

"이 사람이 구질구질한 고서를 둘씩이나 들고 와서 회장님한테 전하라고 하시네요."

그 사람도 못마땅하다는 얼굴로 고개를 갸웃거리더니 비서실로 전화를 했다.

"어떤 촌사람이 고서를 들고 와서 회장님을 찾는데 회장님께 말씀드려 보세요."

비서가 뭐라고 했는지 알 수 없지만 잠시 후에 그 사람을 회장실로 안내하라는 허락을 받고 말했다.

"일단 회장님께서 보시자고 하니 날 따라 오시오."

허당은 경비원을 따라 엘리베이터를 타고 9층으로 올라갔다. 경비원이 비서한테 허당을 안내해 주고 돌아갔다. 깔끔하고 깜찍하게 생긴 여비서가 고서를 들고 회장실로 들어갔다. 허당은 비서실 소파에 앉아 안에서 무슨 대답이 나오려나 기다렸다.

잠시 후 비서가 나와 회장실로 안내했다.

"회장님이 뵙고 싶다십니다. 들어오시시요."

허당은 회장을 아는 터라 부담 없이 인사를 했다.

"회장님 안녕하세유. 처음 뵙겠어유. 저는 허당이어유." (15호계속)

심혁창

「아동문학세상」, 등단, 장편동화 「투명구두」, 「어린공주」 외 50권, 한국문인협회, 사)한국아동청소년문학협회 회원, 한국크리스천문학상, 국방부장관상, 아름다운글 문학상 수상,
도서출판 한글 대표

> 명작 읽기

홀로코스트 (14)

그로부터 며칠 동안 악몽 같은 날들이 계속 되었다. 모두는 음식을 얻어먹는 것보다 더 많은 매를 얻어맞으며 고된 작업에 부대꼈다. 그리하여 3일이 지난 후에 그에게 바치기로 약속했던 카디쉬도 까맣게 잊어버리고 말았다.

겨울이 왔다. 낮은 짧고 밤은 견딜 수 없을 정도로 춥고 길었다. 새벽녘의 몇 시간 동안은 살얼음같이 매서운 바람이 날카로운 채찍처럼 몸을 휘어 감았다. 모두는 겨울옷을 지급받았다. 그러나 줄무늬셔츠보다 약간 두껍다는 것뿐이었다. 이 겨울옷이 고참 재소자들에게 새로운 조롱거리를 제공해 주었다.

"이제야 당신들은 수용소의 진짜 맛을 보게 된 거야!"

모두는 얼어붙은 몸으로 평소처럼 작업장에 나갔다. 돌덩이들은 너무나 차가워서 손을 댔다 하면 금방 쩍쩍 달라붙었다. 그러나 인간이란 어떤 곤경에 처할지라도 시간이 지나면 곧잘 익숙해지게 마련이다.

성탄절과 설날에는 작업이 없었다.

모두는 평소에 비해 약간 걸쭉한 수프를 얻어먹었다.

1월 중순쯤 되었을 때, 엘리위젤은 오른쪽 발이 추위 때문에 부어오르기 시작했다. 오른발로는 땅을 디딜 수가 없었다. 진찰을 받으러 갔다. 재소자인 훌륭한 의사 한 사람이 아주 정확한 진단을 내려주었다. 수술을 받아야 한다는 것이었다. 그대로 두면 발가락을, 어쩌면 한쪽 다리를 절단해야 될 것이라고 의사는 결론을 내렸다.

이것은 견딜 수 없는 마지막 부담이었다. 그러나 그에게는 선택의 권리가 없었다. 수술 결정을 내린 것은 의사였으며, 거기에 대하여는 이렇다 저렇다 따질 여지도 없었다. 그런데 엘리위젤은 그런 결정을 내린 사람이 그 의사라는 점에 기쁘기까지 했다.

그들은 하얀 시트가 덮인 침대 속으로 엘리위젤을 들어가게 했다. 그때서야 하얀 시트 속에는 많은 사람들이 누워 있다는 사실을 알게 되었다.

병원은 조금도 나쁘지 않았다. 좋은 빵과 걸쭉한 수프가 배식되었으며 종소리도 점호도 없었다. 더욱이 작업도 없었다. 가끔 아버지한테 약간의 빵을 보낼 수도 있었다.

엘리위젤 곁에는 헝가리 계 유대인이 누워 있었다. 그는 오랫동안 이질을 앓은 나머지 가죽과 뼈만 남은 채 흐릿한 눈빛을 하고 있었다. 그의 목소리만은 들을 수 있었는데 그것이 그가 살아있다는 유일한 표시였다. 그의 어디에서 저렇게 말할 수 있는 힘이 솟는 것일까 의심이 나기도 했다.

"얘야, 여기에 편히 있게 되었다고 너무 성급하게 좋아해서는 안 된다. 여기서도 추려내니까. 밖에서보다 더 자주 추려내고 있어. 독일은 병든 유대인이 필요하지 않기 때문이야. 독일은 또 나를 필요로 하지도 않지. 다음번에 환자의 이송이 있고 나면 네 곁에는 새로운 사람이 올 거다. 그러니 내 말을 귀담아 잘 들어라. 다음 추려내기가 있기 전에 병원에서 빠져나가도록 하여라."

마치 땅속에서 울려나오는 듯한, 얼굴도 없는 형체에서 울려나오는 말은 엘리위젤을 공포에 떨게 하고도 남았다. 병원이 아주 비좁아서 며칠 사이에 새로운 환자들이 들어오게 된다면 그들을 위해서 방을 따로 마련해야 할 형편이라는 것은 사실이었다.

그러나 얼굴 없는 이웃은 아마 자기가 첫 번째 희생자로 뽑혀 갈까 봐 두려운 나머지, 엘리위젤을 쫓아내어 그 침대를 비워둠으로써 자신이 살아남을 기회를 마련해 놓으려는 속셈이었는지도 모른다. 그것도 아니었다면 짓궂게 남을 놀래 주려고 그랬는지도 모른다. 그러나 그의 말이 진실이라면 어떻게 할 것인가?

엘리위젤은 무슨 일이 일어나는지 일단 기다려 보기로

작정했다. 의사가 와서 내일 수술을 하게 될 것이라고 일러주었다.

"겁낼 것 없다."하고 의사는 덧붙였다. "모든 게 잘 될 테니까."

아침 10시에 엘리위젤은 수술실로 옮겨졌다. '아는' 의사가 거기에 있었다. 엘리위젤은 적이 안심되었다. 그 의사가 곁에 있는 한 어려울 것은 없으리라고 느꼈다. 그가 말하는 한 마디 한 마디가 진통제였고 그가 던지는 눈길 하나하나가 엘리위젤에게는 희망의 메시지였다.

"조금 아플 게다. 하지만 잠깐 뿐이야. 이를 꼭 물어."

수술은 한 시간이 걸렸다. 의사들은 엘리위젤이 잠들지 못하게 했다. 그래서 그는 의사에게서 눈을 떼지 않았다. 그러다가 의식이 몽롱해지는 것을 느꼈다.

의식이 되돌아와 엘리위젤은 눈을 떴다. 그러나 처음에는 덮고 있는 순백의 시트 외에는 아무것도 보이지 않았다. 한참 후에야 굽어보고 있는 그 의사의 얼굴을 알아볼 수 있었다.

"모든 게 잘 됐다. 넌 참 훌륭하게 참아냈다. 앞으로 2주일 정도 여기에 입원해 있게 될 테니 편히 쉬도록 하여라. 그러면 완쾌될 게다. 음식을 잘 먹고 몸과 마음의 긴장을 풀도록 해."

엘리위젤은 의사의 입술이 움직이는 것만 겨우 알아볼 수 있었다. 그가 무슨 말을 하고 있는지 거의 알아들을 수는 없었지만, 그의 속삭임만으로도 마음이 흡족했다. 그러나 다음 순간, 이마에서 식은땀이 흘러내리는 것을 느꼈다. 한쪽 다리를 의식할 수가 없었기 때문이다. 그럼, 다리를 절단했단 말인가?

"선생님, 의사 선생님……."

"얘야, 무슨 일이지?"

그러나 사실을 물어 볼 용기가 나지 않았다.

"선생님, 목이 말라요."

의사는 물을 가져다주었다. 그는 미소를 띠고 있었다. 이제 그는 다른 환자를 보러 가려는 참이었다.

"선생님!"

"왜 그러지?"

또 끌려가는 고생길

"다리를 전처럼 쓸 수 있을까요?"

의사는 더 이상 미소를 짓지 않았다. 엘리위젤은 덜컥 겁이 났다. 의사가 말했다.

"얘, 넌 날 믿지?"

"저는 무조건 믿어요, 선생님."

"그럼, 내 말을 들어라. 너는 앞으로 2주일이면 완쾌되는 거야. 그리고 다른 사람들과 똑같이 걸을 수가 있어. 너의 발바닥은 고름으로 가득 차 있었다. 그 부어오른 곳을 쨴 것뿐이야. 알게 되겠지만 다리를 절단하진 않았다. 2주일만 지나면 다른 사람들과 똑같이 마음대로 걸어다닐 수 있어."

엘리위젤에게는 2주일 동안 기다리는 일만 남아 있었다. 수술이 있고 난 이틀 후에, 수용소 주변에는 전선이 갑자기 더욱 가까워졌다는 소문이 퍼지고 있었다.

러시아 군이 부나로 진격해 오고 있는 중이며 이제 함락은 시간문제일 뿐이라는 것이었다. 모두는 이런 종류의 소문에는 벌써부터 익숙해져 있었다. 어떤 거짓 예언자가 세계 평화를 예언했다든지, 세계 적십자가 재소자를 석방시키기 위해서 협상을 벌이고 있다는 등의 갖가지 소문이 나돈 것이 처음 있는 일이 아니기 때문이다.

그러나 모두는 그런 소문이 나돌 때마다 그것을 믿었다. 그런 소문은 모르핀 주사와도 흡사해서 모두의 몸과 마음을 사로잡기에 충분했다.

그러나 이번 경우만은 그런 예언들이 신빙성 있게 보였다. 지난 며칠 동안 모두는 밤중에 멀리서 울려오는 총소리를 들었기 때문이다. 곁의 얼굴 없는 환자가 말했다.

"환상에 속지 말라. 히틀러는 시계가 열두 시를 치기

전에, 마지막 한 번을 치는 소리를 듣기 전에 모든 유대인을 멸종시키겠다고 분명히 선언한 바 있으니까."

엘리위젤은 급기야 감정이 폭발했다.

"그게 당신과 무슨 상관이 있단 말입니까? 모두가 히틀러를 예언자로 떠받들어야 한단 말인가요?"

그는 흐리고 빛을 잃은 눈길로 엘리위젤을 바라보았다. 그러고는 피곤한 음성으로 대답했다.

"나는 어느 누구보다도 히틀러를 더 믿어 왔어. 그는 유대인들에게 했던 모든 약속을 깨뜨리지 않고 지켜온 유일한 사람이기 때문이야."

같은 날 오후 4시. 평소와 다름없이 내무반장들을 소집하는 종이 울렸다. 내무반장들이 보고하는 시간이었다.

잠시 후에 그들이 흩어져 각 막사로 돌아왔다. 그들은 모두에게 '철수'한다는 사실만을 간단히 알려주었을 뿐이다. 수용소를 비워야 할 형편이었으므로 재소자들은 먼 후방으로 보내야 했던 것이다. 그럼 어디로? 독일 땅 깊숙한 어느 곳에 있는 또 다른 수용소일 것이다. 유대인 수용소는 독일의 곳곳에 산재해 있으니까.

"언제?" (15호에 계속)

특정장애 이야기 (1)

천재의 건망증

최향섭

아인슈타인이라는 천재 과학자가 어느 날 퇴근하여 돌아오는 길에 정신을 깜빡하여 자기 집을 잃어버렸다. 그 날따라 중요한 세미나에 참석했다가 어떤 문제에 대해 골똘히 생각하며 혼자서 오게 되었던 것이었다.

버스에서 내려서 마을 입구까지 들어서기는 했는데 도대체 자기 집으로 가는 방향이 생각나지 않는 것이었다. 그는 할 수 없이 세탁소에 들어가서

'여기 아인슈타인이 사는 집이 어디요?' 하고 물었다.

그러자 세탁소 주인은 그를 수상쩍은 듯이 보면서

'당신은 누구요. 그런데 왜 늦은 밤에 그 집을 찾는 거요?' 하고 반문하였다.

난처한 과학자는 '내가 아인슈타인이오.' 라고 하자 세탁소 주인은 눈을 흘기며 '이 사람이 미쳤군. 자기 집을 못 찾다니.' 하면서 그를 쫓아내려고 하는 것이었다.

아마 밤중에 그를 위해하려는 수상한 용의자로 보았던 것이다. 이 동네에서 그 집을 모르는 사람이 없을 뿐 아니라 그와 같은 동네에 사는 것만도 자부심을 갖고 있었다.

그러나 주민들은 정작 아인슈타인의 얼굴을 만나볼 기회가 없었기 때문에 이런 해프닝이 벌어지고 있었다.

늘 연구실에서 연구에 몰두하며 새벽에 출근하고 밤늦게 퇴근하거나 아니면 아예 연구실에서 살다시피 하니 사람들이 그의 얼굴을 몰라보는 것은 그럴 수도 있다 치더라도 이처럼 천재들도 가끔 건망증이 일어난다는 것을 아는 사람은 아무도 없었던 것이었다.

아인슈타인은 할 수 없이 가방을 열고 책에 나온 자기 사진을 세탁소 주인에게 보여주면서 사정을 했다. 신분을 확인한 세탁소 주인은 놀라움을 감추지 못하며 꿈이 아닌가, 의아해 하면서 아인슈타인을 그의 집으로 안내했다.

다음 날 세탁소 주인이 마을 사람들에게 그 일을 이야기 하자 사람들은 세탁소 주인이 정신이 이상해진 것이 아닌가 하고 의심하며 그의 말을 믿으려 하지 않았다.

천재라 해도 특정 분야에 천재적 기질이 있는 것이며, 더욱이 집중력이 뛰어난 천재일수록 다른 특정 분야에는 가끔 장애가 일어날 수 있다는 것을 사람들은 이해하지 못하는 것이었다.

이런 경우를 특수 교육에서는 '특정학습장애'라고 분류한다.

아인슈타인은 물리학의 천재이면서 자폐증도 있어서

가끔 기억의 고리가 끊기는 순간적 기억상실증이 나타나 곤 했던 것이었다.

학교에서는 자폐증이 있는 아이들 중에서 가끔 천재로 착각을 할 정도로 초인간적인 기억력을 가진 특정학습장애아를 볼 수 있다.

옥편의 한자를 통째로 외워서 이두문자(吏讀文字)로 편지를 쓰는 아이도 있고, 숫자 감각이 계산기처럼 빠르고 정확하게 작동하여 천세력(千歲曆)의 주기를 송두리째 입력하고 있는 아이도 있다. 시각장애아 중에서는 어린 나이에 절대음감을 가진 아이를 볼 수 있으며, 암기력, 미각, 촉각, 시지각, 후각 등 여러 감각기능에서 천재적 특성을 볼 수 있다. 어떤 아이는 서울 지하철역의 일련번호와 명칭, 순서를 깡그리 외는 아이도 있고, 차를 타고 가면서 길거리의 간판을 무비 카메라로 찍은 것처럼 기억해버리는 초능력을 가진 아이도 있다.

이런 아이를 만나면 교사들이 혼란스럽고 난처한 경우를 겪기도 한다. 부모들이 자기 아이를 천재로 알기 때문에 기대 수준을 맞추어 주기 어려워 심각한 트러블이 일어난다.

이런 아이들을 적성에 맞추어 잘 교육시키면 천재로 성공시킬 수도 있고 잘못하면 잡기에 빠지거나 쓸모없는 문제의 사람 또는 범죄에 연루되기도 한다.

 이들이 천재와 다른 것은 지각한 정보를 통찰하고 판단하여 목적에 따라 분류하고 사용하는 종합정보처리 능력이 미치지 못한다는 것이다.

 우리는 기억력이 뛰어난 사람을 천재라고 하는데 그렇게 보면 자폐증 아이와 천재도 이렇게 백지 한 장 차이일 뿐이다.

 기억력은 정보 관리에 기본이 되지만 통찰력과 꼭 상관관계가 있는 것은 아닌 것 같다. 컴퓨터의 메모리 기능은 인간의 능력을 넘고 있지만 종합정보처리의 선택적 명령은 인간이 할 수밖에 없으니 기억력보다는 통찰력이 더 높은 지능인 것이다.

 그런데 모든 기관에서 실시하는 학력이나 실력의 평가 방법과 기준이 메모리 기능의 측정에 치우치는 경향이 있다는 것이 문제다.

 인성이나 윤리적 가치관 등이 기억력보다 더 높고 중요한 지적 통찰력에 의해 일어나는 가치 선택적 행동이라는 것을 다시 생각해야 할 것이다.

 행동은 가치 선택의 결정 뒤에 오는 것이지만 지식은 가치 중립적인 단계에 있는 정보이기 때문이다.

 선발의 방법에서 이런 평가적 문제점을 극복하지 못한

다면 인격의 불균형으로 인한 혼돈이나 오류는 막지 못할 것이다.

  지식과 행동, 행동과 가치관이 균형을 유지할 수 있어야 인격과 신뢰가 형성되는 것이다. 선발의 기능보다 선발의 목적이 잘 지켜져야 할 것이다. 이런 문제들을 교통정리할 수 있는 가치관과 철학을 겸비해야 진정한 지도자가 될 수 있으니 교육자의 길이란 지극히 어려운 과정이며 사범교육의 사명은 무한히 무거운 책무이다.

최향섭

경기 안성 출생
특수교육전문가(특수교육기관 35년 경력)
국립한국우진학교 초대 교장(중증장애학교)
교육부 연구관 장학관 편수관
삼육대학교 외래교수
시인. 동화작가. 자생식물 연구가

세계명언 (4)

인류의 나갈 길

김홍성 편

인류는 어디를 향해 가는가?를 아무도 알 수가 없다. 가장 높은 지혜란 어디로 가야 할 것인가를 아는 것에서 얻어진다. 즉 신을 향하여 높은 완성으로 걸어 나가야 한다는 사실을 깨닫는 일이 그것이다.

참된 삶으로 가는 길은 좁기 때문에 그것을 찾아낼 수 있는 사람도 극히 드물다. 또 그 길이 자신 안에 있기 때문에 자신의 길을 찾는 자도 드물다. 대개는 다른 데서 길을 찾기 때문에 자기 길을 찾기 어렵다. ―류시 마로리

인간은 세 부류로 구분할 수 있다. 그 하나는 하나님을 찾아서 섬기는 사람으로 그들은 슬기롭고 행복하다. 다른 하나는 하나님을 찾으려고도 하지 않고 거부하는 사람으로 이런 사람은 지혜도 없고 행복도 없다. 셋째는 신을 찾아내고도 믿지 않는 사람으로 이들은 지혜는 있으나 행복하지는 못하다. ―파스칼

신에게 모든 것을 의지하고 인생을 이상(理想)을 향한

행동으로 삼고 감사와 친절과 용기로 살아가는 것—여기에 마카스 오렐리아스의 놀라운 관찰이 있다. 지혜를 욕하고 지혜가 없어도 살아갈 수 있다고 생각하는 사람들은 기독교도로서는 큰 악이다. 지상에서의 신의 왕국에 만족하지 않고 무덤 저편에서도 신의 왕국을 인식하는 자를 존중하라. 거짓된 종교생활은 신과의 결속은 고사하고 신을 알지 못하는 것과 같다. 참된 지(智)와 유덕은 신으로부터 무상으로 받은 품성이다.—아미엘

지혜를 찾는 자를 지적(知的)인 사람이라고 한다. 그러나 그가 지혜를 찾아냈다고 생각한다면 그는 지혜가 없는 자이다.—페르시아 성전

누구에게나 지식은 필요하다. 그러나 그 지식을 자기 것으로 만들지 못하면 유익하지 못하다. 필요한 지식이라고 모두 유익한 것이 아니며 때로는 해로울 수도 있다.

소크라테스는 그의 제자에게 늘 이런 말을 했다. 즉, 바르게 수립된 교육에는 어떤 과목이든 그냥 넘겨 버릴 수 없는 가치가 있다. 그 과목이 아무리 일반적인 문제를 취급할지라도 도달해야만 하는 목적이 담겨 있다는 말이

다. 유산을 분배하거나 노동자들에게 일을 나누어주는 단순하고 자의적(恣意的)인 일에도 꼭 필요한 규칙과 질서 규범이 있고 지구의 넓이를 모두 측량할 경우와 같이 어렵고 힘든 문제에 부딪쳐도 고생이나 어려움으로 생각하지 않고 할 수 있어야 한다고 소크라테스는 그의 제자들에게 늘 말해 왔다.

그러나 그는 기하학상의 매우 어려운 문제는 설명하지 않았다. 설사 자기가 그 문제를 잘 알고 있다 해도 그런 문제는 인생을 낭비케 하고 실제 아무런 유익도 없다고 생각했기 때문이다. 그런 특별한 문제 때문에 다른 유익한 과목을 놓쳐서는 안 된다고 생각한 것이다.

천문학으로 그는 하늘의 여러 가지 현상에 의하여 밤의 길이를 알고, 낮과 밤을 알고, 길을 잃지 않고, 해상에서 방향을 바르게 알고, 앞을 예측할 수 있다고 말한다.

'천문학은 아주 편리한 과목이다. 사냥꾼이나 항해사나 일반적으로 조금이라도 그것을 알고 싶어 하는 사람은 누구라도 배울 수 있는 것이다'라고 그는 덧붙여 말했다. 그러나 천문학에서도 천체상의 여러 가지 궤도를 연구하고, 별의 크기를 계산하고, 지구로부터의 거리나 운동이나 변화를 배우는 것을 그는 매우 나무랐다. 왜냐하면 그런 일에서는 전혀 실제적인 이익을 찾아볼 수 없었기 때문이다. 그가 이런 학문에 대해서 그토록 낮은 평가를 하고 있었던 것이 그 자신이 무지했던 탓이 아니다. 왜냐하면 그는 그런 일을 충분히 깊게 연구하고 있었기 때문에 쓸데없는 일로 유익하게 쓰일 수 있는 시간이 낭비되는 것을 원하지 않았기 때문이었다.

지식을 이것저것 주워 모으려 하지 말라. 자족(自足)하지 못하는 철학자나 인생을 마치 재물을 모으는 것과 같이 끝을 모르는 연구가들은 불쌍한 인간들이다.

이렇듯 어리석은 부자들은 매일같이 자기 지식을 자랑하는 잔치를 차려놓고 떠들썩하는 동안 가난한 사람들은 더욱 더 굶주리고 있는 것이다. 왜냐하면 공허한 지식은 내면적인 것이나 보편적인 완성과는 아무런 관계가 없기 때문이다.—페누론

김홍성

여의도순복음교회 22년 시무
기독교하나님의 성회 교단총무
현) 상록에벤에셀교회 담임목사

상식

초심

정태광

행복할 때 약속하지 마라.
화났을 때 답변하지 마라.
슬플 때 결심하지 마라.
다른 사람에게 너 자신에 대해 설명하지 마라.
너를 좋아하는 사람은 그것이 필요 없고
너를 싫어하는 사람은 그것을 믿지 않을 테니
초심을 잃으면 모든 것을 다 잃을 수도 있다.

어느 날 시골 마을을 지나던 임금님이 날이 어두워지자 한 목동의 집에서 어쩔 수 없이 하룻밤을 묵게 되었다. 그런데, 임금님의 눈에 비친 목동의 모습이 매우 인상적이었다.

욕심이 없고 성실하고 평화로운 것이 평소 자신의 신하들에게는 찾아보기 힘든 모습이었다. 젊은 목동의 그런 모습에 끌린 임금님은 목동을 나라의 관리로 등용했다.

그는 관리로 등용된 후에도 청빈한 생활과 정직성 그리고 양떼를 잘 이끌었던 경험이 있어서 그런지 왕을 잘 보필하고 정치를 잘 하였다. 왕은 마침내 그를 재상에까지 임명하였다. 재상은 능력도 중요하지만, 청빈한 마음까지 갖추면 더할 나위 없겠다는 생각에서 나온 결정이었다.

재상이 된 목동은 더더욱 성실하게 사심 없이 일을 잘 처리해 나갔다. 그러자 다른 신하들이 그를 시기하기 시작했다. 일개 목동이 나라의 관리가 된 것도 모자라 재상에까지 오르고 더욱이 적당히 뇌물도 받았으면 좋으련만 모든 일을 공정하고 깨끗하게 처리하니 자신들의 처지가 곤란했던 것이다.

신하들은 재상이 된 목동을 쫓아내기 위해 티끌 하나라도 모함할 것이 있는지 찾기 시작했다.

그러던 중, 재상이 한 달에 한 번 정도 자기 고향 시골집에 다녀오는 것을 알게 되었다. 몰래 숨어보니 광에 커다란 항아리가 하나 있었는데, 그는 그 항아리 뚜껑을 열고 한참 동안 항아리 안을 들여다보는 것이었다.

신하들은 임금님께 그 사실을 알렸다. 재상이 청렴한 척은 다하면서 항아리 속에 아무도 몰래 금은보화를 채우고 있다고 고자질 했다. 왕은 누구보다도 신임했던 그에게 무척 화가 나 직접 사실을 밝히고자 재상을 앞세워 신하들과 함께 재상의 집을 찾아갔다.

재상의 시골집에 도착한 왕과 일행들은 마침내 재상이

모아놓은 재물을 보리라고 크게 기대를 했다.

왕은 모두가 보는 앞에서 명령했다.

"그 항아리를 열어보라."

재상은 겸손히 뚜껑을 열었다. 그런데 이게 어찌된 일인가? 항아리 속에 가득히 들어 있어야 할 금은보화는 보이지 않고 재상이 목동 시절에 입었던 낡은 옷 한 벌과 지팡이밖에 없었다. 어이가 없는 임금님이 물었다.

"어찌하여 그 보잘것없는 것을 그토록 소중히 보관하고 있느냐?"

"예, 저는 임금님의 은혜를 입어 고관직에 올랐지만 목동을 떠나 임금님을 모실 초심이 변할까 하여 옛날의 나를 돌아보며 초심을 잃지 않기 위해 이렇게 하고 있었습니다."

임금님도 신하도 그 자리에서 머리를 숙였다. 인생은 어떤 환경에서도 초심을 잃으면 모든 것을 다 잃는다는 교훈을 받았다.

정태광

「한국크리스천문학」 등단,
건국대학교행정대학원 졸업,
보국훈장 광복장, 안중근기념관 홍보대사,
대한예수교장로회 광명교회 장로

잡상식

한국인과 일본인은 이렇게 다르다

학교에서 배우는 것은 지식이지만 사람을 보고 배우는 것은 지혜입니다.

일본 여자는 팬티를 입지 않는다. 도요토미 히데요시가 천하통일을 하는 과정에서 오랜 전쟁으로 남자들이 너무 많이 전장에서 죽자 왕명으로 모든 여자들에게 외출할 때 등에 담요 같은 걸 항상 매고 아랫도리 속옷은 절대 입지 말고 다니다가 어디에서건 남자를 만나면, 그 자리에서 언제든지 애기를 만들게 했다고 한다.

이것이 일본 여인들의 전통 의상인 기모노의 유래이며, 오늘날에도 기모노를 입을 땐 팬티를 입지 않는 풍습이 전해지고 있다. 그 덕분에 전장에서 살아남은 남자들은 아무 여자하고도 마음만 있으면 어디서든 행운을 얻었다.

그 결과 아버지가 누군지 모르는 애가 수두룩하게 태어났는데, 이름을 지을 때 애를 만든 장소를 가지고 작명하였다. 그것이 족보가 되어 일본인들의 성(姓)씨가 되었다 한다. 그래서 세계에서 성씨가 가장 많은 나라는 일본이다. 한국은 약 300성 씨이나 일본은 10만 개의 성씨가 넘는다 한다.

1. 木下(기노시타) - 나무 밑에서~
2. 山本(야마모토) - 산 속에서

3. 竹田(다케다) - 대나무 밭에서
4. 大竹(오타케) - 큰 대나무 밑에서,
5. 太田(오타) - 콩밭에서,
6. 村井(무라이) - 시골 우물가에서,
7. 山野(야마노) - 산과 들판에서 2명하고
8. 川邊(가와베) - 개천이 보여서,
9. 森永(모리나가) - 숲속에서
10. 麥田(무기타) - 보리밭에서,
11. 池尻(이케지리) - 도랑 옆에서,
12. 市場(이치바) - 시장(공방)에서,
13. 犬塚(이누즈카) - 개 무덤에서,
14. 田中(다나까) - 밭 한가운데,
15. 內海(우츠미) - 바다 가까이에서,
16. 奧寺(오쿠테라) 절에서,
17. 柏木(카시와키) - 측백나무 아래서
18. 桐本(키리모토) - 오동나무 아래서.
19. 小島(코지마) - 작은 섬에서.
20. 小林(코바야시)- 작은 숲에서.
21. 笹森(사사모리)조릿대 대나무와 비슷한 숲에서.
22. 高柳(타카야기) - 버드나무 아래서.
23. 皆川(미나가와) - 개천가에서.
24. 水上(미나카미) - 물 위에서(온천?).

 그중 특히 '밭전(田) 자가 많은 것은 논에서는 그 짓을 할 수 없어 주로 밭에서 했기 때문이라 한다.
 일본놈! 일본놈하며, 무조건 욕하지 말고 객관적이고

도 냉철하게 일본을 성찰해볼 필요성이 한두 가지가 아니다. 일본을 이기려면 일본을 알아야 한다.

한국인과 일본인은 이렇게 다르다. 일제 강점 하, 36년의 수모를 겪은 우리 민족이 해방을 맞은 지 80주년이 되는 이 시점에서 일본인과 우리들의 자화상을 비교해 보는 것도 필요할 때라고 생각한다.

일본인에게 배울 26가지 특성

1. 한국인은 사소한 일로 다투기만 해도 지금까지 받은 은혜는 뒷전이 되고 원수가 된다. / 일본인은 조폭 이상으로 의리를 중시한다. 한 번 신세 지면 죽을 때까지 잊지 않는다.
2. 한국인은 귀한 손님을 모실 때면 외식을 즐긴다. 그래야 제대로 대접했다고 생각한다. / 일본인은 귀한 손님은 자기 집으로 초대한다.
3. 한국인은 상다리가 휘게 먹어야 잘 사는 것으로 생각한다. / 일본인은 공깃밥에 단무지 3쪽, 김 3장이면 족하게 여긴다. 냉장고는 늘 비어 있다.
4. 한국 여성은 대체로 명품 백을 들어야 남부럽지 않다고 한다. / 일본 여성도 핸드백을 메고 다닌다. 대부분 집에서 자기 스스로 만든 수제품이 많다.
5. 한국인은 부모를 봉으로 안다. 가르치고 키웠더니 더 안 준다고 원망을 된다. / 일본인은 자립심이 강

하다. 부모 돈은 부모 돈, 내 돈은 내 돈이다.

6. 한국인은 집 몇 평에 사느냐부터 묻는다. / 일본인은 집 크기를 중시하지 않는다. 일본 각료들도 20평이면 만족하다고 한다.

7. 한국인은 기록에 빵점이다. 아내 생일도 모르고 지낸다. / 일본인은 추락하는 비행기 안에서도 메모를 할 정도로 기록하는 면에서는 세계적으로 탁월하다.

8. 한국인은 공금을 눈먼 돈, 떡고물로 알고 있다. / 일본인은 공금을 무서워한다. 공금 먹다 걸리면 집안 망한다고 생각한다.

9. 한국인은 별 것도 아닌 것도 툭하면 소송한다. / 일본인은 웬만하면 대화로 끝낸다.

10. 한국인은 신호등을 무시하고 뛰기 일쑤다. / 일본인은 아무도 없는데도 신호를 지킨다.

11. 한국인은 구제품을 명품으로 착각한다. / 일본인은 근무복을 자랑스럽게 여긴다.

12. 한국인은 주량을 자랑한다. / 일본 술잔은 병아리 오줌만 하고 째째하게 홀짝홀짝 마신다.

13. 한국인은 의리를 찾기 힘들다. / 일본인은 의리를 위해 목숨을 바친다.

14. 일본인은 노숙자도 독서에 열을 올린다. / 한국인은 전철을 타면 스마트 폰으로 게임을 한다.

15. 한국인은 돈 버는 일이라면 목숨을 건다. / 일본인

은 법을 먼저 생각하는 준법정신이 강하다.
16. 한국인은 한탕 해 떼 부자가 될 생각을 한다. / 일본인은 근검절약이 부자의 비결이라고 생각한다.
17. 한국인은 경찰을 우습게 안다. / 일본인은 공권력이 절대적이다.
18. 한국인은 주먹구구로 일을 한다. / 일본인은 무엇을 하려면 전문가를 찾는다.
19. 한국인은 자녀가 추울까봐 옷을 겹겹이 입혀 내보낸다. / 일본인은 한겨울에도 반바지를 입혀 학교 보낸다. 추위를 이기는 극기 훈련이다.
20. 한국인은 대통령을 우습게 안다. / 일본인은 총리 말에 절대적이다.
21. 한국인은 강자에게 약하고 약자에게 강하다. / 일본인은 누구에게나 '하이하이'하며 깍듯하다.
22. 한국인은 잘못하고도 무조건 오리발 내민다. / 일본인은 잘못은 끝까지 책임진다.
23. 한국인은 약속을 잘 지키지 않는다. / 일본인은 약속은 목에 칼이 들어와도 지킨다.
24. 한국노조는 회사가 2천억 손실이 나도 성과급 달라고 파업한다. / 일본노조는 흑자가 나도 회사의 앞날 생각해 임금동결을 받아들인다.
25. 한국인은 잘 웃지 않는다. 언제나 화난 얼굴이지만 실제로 화난 것은 아니다. / 일본인은 잘 웃는다.

외래어 (8)

많이 쓰이는 외래어(매회 보완)

이경택

가스라이팅(gaslighting)=뛰어난 설득을 통해 타인 마음에 스스로 의심을 불러일으키고 현실감과 판단력을 잃게 만듦으로써 그 사람에게 지배력을 행사하는 것

갈라쇼(gala show)=기념하거나 축하하기 위해 여는 공연

갤러리(gallery)=미술품을 진열, 전시하고 판매하는 장소, 또는 골프 경기장에서 경기를 구경하는 사람

갭(gap)=틈, 간격, 공백, 차이, 격차

거버넌스(governance)=민관협력 관리, 통치

걸 크러쉬(girl crush)=여성이 같은 여성의 매력에 빠져 동경하는 현상

그라데이션(gradation)=하나의 색상을 다른 색상으로 점차 변화시키는 효과, 색의 계층

그래피티(graffiti)=길거리 그림, 길거리의 벽에 붓이나 스프레이 페인트를 이용해 그리는 그림

그루밍(grooming)=화장, 털손질, 손톱 손질 등 몸을 치장하는

글로벌 쏘싱(global sourcing)= 세계적으로 싼 부품을 조합하여 생산단가 절약

내비게이션(navigation)=① (선박, 항공기의)조종, 항해 ② 오늘날(자동차 지도 정보 용어로 쓰임)

노멀 크러쉬(nomal crush)=소박함이 행복하다고 느끼는 정서

노블레스 오블리주(noblesse oblige)=지도층 인사들에게 요구되는 도덕적 의무

노스탤지어(nostalgia)=지난 날에 대한 그리움이나 향수

뉴트로(new+retro>> newtro)=새로움과 복고의 합성어로 새롭게 유행하는 복고풍 현상

님비(NIMBY. not in my backyard)현상=지역 이기주의 현상 (혐오시설 기피 등)

더치 페이(dutch pay)=비용을 각자 부담하는 것을 이르는 말

더티 플레이(dirty play)=속임수 따위를 부리며 정정당당하지 못한 태도로 행동하는 것

데모 데이(demo day)=시연회 날

데이터베이스(database)=정보 집합체, 컴퓨터에서 신속한 탐색과 검색을 위해 특별히 조직된 정보 집합체, 여러 사람에 의해 공유되어 사용될 목적으로 통합하여 관리되는 자료 집합

데자뷰(deja vu): 처음 경험 임에도 불구하고 이미 본 적이 있거나 경험한 적이 있다는 이상한 느낌이나 환상. 프랑스어로 "이미 보았다"는 뜻.

도그마(dogma)=독단적인 신념이나 학설, 이성적 비판이 허용되지 않는 교리, 교조, 교의 등을 통틀어 이르는 말

도어스테핑(doorstepping)=출근길 문답, 호별 방문

도파민(dopamine)= 중추신경계에 존재하는 신경전달물질의 일종으로 의욕, 행복, 기억, 인지, 운동 조절 등 뇌에 다방면으로 관여함

도플갱어(doppelganger)=자신과 똑같이 생긴 사람이나 동물, 즉 분신이나 복제품

드라이브 스루(drive through)=주차하지 않고도 손님이 상품을 사들이도록 하는 사업적인 서비스로서 자동차에서 내리지 않은 상태로 서비스를 받을 수 있는 운영 방식

디자인 비엔날레(design biennale)=국제 미술전

디지털치매=디지털 기기에 지나치게 의존하여 기억력이나 계산력이 크게 떨어진 상태를 일컫는 말

디폴트(default)=채무자가 공사채나 은행 융자, 외채 등의 원리금 상환 만기일에 지불 채무를 이행할 수 없는 상태

딥 페이크(deep fake)=인공지능 기술을 이용해 특정 인물의 얼굴 등을 특정 영상에 합성한 편집물, 주로 가짜 동영상.

딩크 족(DINK, Double Income No Kids 의 약어)=정상적인 부부 생활을 영위하면서 의도적으로 자녀를 두지 않는 맞벌이 부부를 일컫는 말

라이브 커머스(live commerce)=실시간 방송 판매

랜덤(random)=무작위(의), 무계획(적인)/ 보통 어떤 사건이 규칙성이 보이지 않고 무작위로 발생한다는 것

랩소디(rhapsody)=광시곡, 자유롭고 관능적인 악곡 형식

레드 오션(red ocean)=붉은 바다. 이미 알려져 있어서 경쟁이 매우 치열한 특정 산업내의 기존 시장을 비유하는 표현

레알(real)=진짜, 또는 정말이라는 뜻.

레트로(retro)=과거의 제도, 유행, 풍습으로 돌아가거나 따라 하려는 것을 통칭하여 이르는 말

레퍼토리(repertory)=들려줄 수 있는 이야깃거리나 보여 줄 수 있는 장기, 상연 목록, 연주 곡목

로드맵(roadmap)=방향제시도, 앞으로의 스케줄, 도로지도

로밍(roaming)=계약하지 않은 통신 회사의 통신 서비스도 받을 수 있는 것. 국제통화기능(휴대폰 출시)체계

루저(loser)=패자, 모든 면에서 부족하여 어디에 가든 대접을 못 받는 사람

리셋(reset)=초기 상태로 되돌리는 일

리얼리티(reality)=현실. 리얼리티 예능에서 쓰이는 경우, 어떠한 인위적인 각본으로 짜여진 것이 아닌 실제 상황이나 인물들을 중심으로 이뤄지는 예능을 말함

리플=리플라이(reply)의 준말. 댓글·답변·의견

마스터플랜(masterplan)=종합계획, 기본계획

마일리지(mileage)=주행거리, 고객은 이용 실적에 따라 점수를 획득하는데 누적된 점수는 화폐의 기능을 한다

마조히스트(masochist)=성적으로 학대를 당하고 쾌감을 느끼는 사람

매니페스터(manifester)= 감성, 태도, 특질을 분명하고 명백하게 하는 사람(것)

매니페스토(manifesto)운동=선거 공약검증운동

머그샷(mugshot)=경찰에 체포된 범인을 식별하기 위해 촬영한 사진

메리트(merit)=장점, 이점, 가치, 자격/가치가 있다

메시지(message)=무엇을 알리기 위해 보내는 말이나 글

메카니즘(mechanism)=기계장치, 기구, 방법, 구조

메타(meta)=더 높은, 초월한 뜻의 그리스어

메타버스(metaverse)=현실세계와 같은 사회·경제·문화 활동이 이뤄지는 3차원 가상세계를 말함

메타포(metaphor)=행동, 개념, 물체 등의 특성과는 다른 무관한 말로 대체하여 간접적, 암시적으로 나타내는 은유법, 비유법으로 직유와 대조되는 암유 표현.

멘붕=멘탈(mental)의 붕괴. 정신과 마음이 무너져 내림

멘탈(mental)=생각이나 판단하는 정신. 또는 정신세계.

멘토(mentor)=현명하고 신뢰할 수 있는 상대이며 스승 혹은 인생 길잡이 역할을 하는 사람

모니터링(monitoring)=감시, 관찰, 방송국, 신문사, 기업 등으로부터 의뢰받은 방송 프로그램, 신문 기사, 제품 등에 대해 의견을 제출하는 일

모라토리움(moratorium)=한 나라 전체나 어느 특정 지역에 긴급 사태가 발생한 경우에 국가 권력의 발동에 의하여 일정 기간 금전 채무의 이행을 연장시키는 일

미러클(miracle)=기적, 기적 같은 일. 경이로운 예

미션(mission)=사명, 임무

바운스(bounce)=튀다, 튀어 오름, 반동력, 탄력 의미

버블(bubble)=거품

벤치마킹(benchmarking)=타인의 제품이나 조직의 특징을 비교분석하여 그 장점을 보고 배우는 경영 전략 기법

벤틀리(Bentley)=영국의 최고급 수공 자동차 제조사 혹은 이 회사 만든 차량

보이콧(boycott)=어떤 일을 공동으로 받아들이지 않고 물리치는 일. 불매동맹, 비매동맹

브랜드(brand)=사업자가 자기 상품을 경쟁업체의 것과 구별하기 위하여 사용하는 기호·문자·도형 따위의 일정한 표지

브런치(Breakfast+Lunch)=아침 겸 점심으로 먹는 밥을 속되게 이르는 말. 어울참

블랙 컨슈머(black consumer)=악덕 소비자. 구매한 상품을 문제 삼아 피해를 본 것처럼 꾸며 악의적 민원을 제기하거나 보상을 요구하는 소비자

블루 오션(blue ocean)=푸른 바다. 아직 시도된 적이 없는 광범위하고 깊은 잠재력을 가진 시장 비유 표현

비주얼(visual)='시각적인'이라는 뜻. 한국에서는 사람의 외모를 가리키는 말로도 많이 쓰이는데, 가령 특정 집단에 속한 사람에게 '비주얼 담당'이라 하면 그중에 가장 외모가 뛰어나다는 뜻

빈티지(vintage)=① 포도가 풍작인 해에 유명한 양조원에서 양질의 포도로 만든 고급 포도주 ② 오래 되고도 값진 것. 특정한 연대에 만든 것

사디스트(sadist)=가학성애자. 성적 대상에게 육체적, 정신적 고통을 줌으로써 성적 쾌락을 얻는 사람

사보타주(sabotage)=태업을 벌임. 노동쟁의, 의도적으로 일을 게을리 하여 사주에게 손해를 주는 방법

사이코패스(psychopath)=태어날 때부터 감정을 관장하는 뇌 영역이 처음부터 발달하지 않은 반사회적 성격장애와 품행 장애를 가진 사람들을 지칭하는 데 주로 사용

세미(semi)=절반(切半), '어느 정도', '~에 준(準)하는 뜻

센세이션(sensation)=(자극을 받아서 느끼게 되는) 느낌, 많은 사람을 흥분시키거나 물의를 일으키는 것.

소셜 미디어(social media)=누리 소통 매체, 생각이나 의견을

표현하거나 공유하기 위해 사용하는 개방화된 인터넷상의 내용이나 매체

소셜 커머스(social commerce)=공동 할인구매. 소셜네트워크서비스(SNS)를 이용한 전자 상거래의 일종

소스(source)=원천, 근원, 출처, 정보원

소쓰(sauce)=(요리의) 액체 양념, 자극, 재미

소프트(soft)=부드러운

소프트파워(soft power)=문화적 영향력

솔루션(solution)=해답, 해결책, 해결방안, 용액

쇼핑몰(shopping mall)=여러 가지 물건을 한번에 살 수 있도록 상점이 모여있는 곳

스미싱(smishing)=문자메시지로 낚는다는 의미로 스마트폰으로 개인정보를 빼내서 범죄에 이용하는 것

스펙터클(spectacle)=(굉장한) 구경거리, 광경, 장관

스태그플레이션(stagflation)=경제 불황 속에서 물가상승이 동시에 발생하고 있는 상태

시놉시스(synopsis)=영화나 드라마의 간단한 줄거리나 개요, 주제, 기획의도, 줄거리, 등장인물, 배경 설명

시뮬레이션(simulation)=영화어떤 장치나 시스템의 동작이나 작용을 다른 장치를 이용해서 모의실험으로 알아보고 그 특성을 파악하는 것

시스템(system)=필요한 기능을 실현하기 위하여 관련 요소를 어떤 법칙에 따라 조합한 집합체.

시즌오프(season off)=철 지난 상품을 싸게 파는 일

시크리트(secret)=비밀

시트콤(sitcom)=시추에이션 코메디(situation comedy) 약자, 분위기가 가볍고, 웃긴 요소를 극대화한 연속극

시프트(shift)=교대, 전환, 변화

싱글(single)=한 개, 단일, 한 사람

아노미(anomie)=불안·자기 상실감·무력감 등에서 볼 수 있는 부적응 현상. 사회의 동요·해체에서 생기는 개인의 행동·욕구의 무규제 상태

아웃쏘싱(outsourcing)=자체의 인력, 설비, 부품 등을 이용해 비용 절감과 효율성 증대를 목적으로 외부 용역이나 부품으로 대체하는 것

아웃렛(outlet)=백화점 등에서 팔고 남은 옷, 구두 등 패션 용품을 할인하여 판매하는 장소

아이쇼핑(eye shopping)=눈으로만 사고 싶은 물건들을 봄

아이템(item)=항목, 품목, 종목

아젠다(agenda)=의제, 협의사항, 의사일정

알레고리(allegory)=유사성을 적절히 암시하면서 주제를 나타내는 수사법. 즉 풍자하거나 의인화해서 이야기를 전달하는 표현방법

애드 립(ad lib)=(연극, 영화 등에서) 대본에 없는 대사를 즉흥적으로 만들어내는 것

어택(attack)=공격(하다), 습격(하다), 발병(하다)

어필(appeal)=호소(하다), 항소(하다), 관심을 끌다

언박싱(unboxing)=(상자, 포장물의) 개봉, 개봉기

얼리어답터(early adopter)=남들보다 먼저 신제품을 사서 써 보는 사람

에디터(editor)=편집자

에피소드(episode)=중요하거나 재미있는 사건,(라디오·텔레비전 연속 프로의) 1회 방송분

엑소더스(exodus)=(많은 사람들이 동시에 하는)탈출

엔터테인먼트(entertainment)=대중을 즐겁게 해주는 연예(코미디, 음악, 토크 쇼 등 오락)

오리지널(original)=기원, 모조품 등을 만드는 최초의 작품.

오티티(OTT, Over-the-top)=인터넷 동영상 서비스 영화, TV 방영 프로그램 등의 미디어 콘텐츠를 인터넷을 통해 소비자에게 제공하는 서비스

옴부즈(ombuds)=다른 사람의 대리인.(스웨덴어)

옴부즈맨(ombudsman)=정부나 의회에 의해 임명된 관리로, 시민들에 의해 제기된 각종 민원을 수사하고 해결해 주는 사람

와이브로(wireless broadband. 약어는 wibro)= 이동하면서도 초고속 인터넷을 이용할 수 있는 무선 휴대 인터넷의 명칭, 개인 휴대 단말기(다양한 휴대 인터넷 단말을 이용하여 정지 및 이동 중에서도 언제, 어디서나 고속으로 무선 인터넷 접속이 가능한 서비스)

워취(watch)=무언가를 주시하는 것, (휴대용) 시계

위즈덤(wisdom)=지혜, 슬기, 지식, 현명함, 타당성

유비쿼터스(ubiquitous)=도처에 있는, 사용자가 컴퓨터나 네트워크를 의식하지 않고 장소에 상관없이 자유롭게 네트워크에 접속할 수 있는 환경

이데올로기(ideology)=사람이 인간·자연·사회에 대해 규정짓

는 현실적이면서 동시에 이념적인 의식의 형태

인서트(insert)=끼우다, 삽입하다, 삽입 광고

인센티브(incentive)=장려책, 우대책

젠트리피케이션(gentrification)=둥지 내몰림, 도심 인근의 낙후지역이 활성화되면서 임대료 상승 등으로 원주민이 밀려나는 현상

징크스(jinx)=재수 없는 일, 불길한 징조의 사람이나 물건, 으레 그렇게 될 수밖에 없는 악운으로 여겨지는 것

챌린지(challenge)=도전하다. 도전 잇기, 참여 잇기.

치팅 데이(cheating day)=식단 조절을 하는 동안 정해진 식단을 따르지 않고 자신이 먹고 싶은 음식을 먹는 날

카르텔(cartel)=서로 다른 조직이 공통된 목적을 위해 일시적으로 연합하는 것, 파벌, 패거리

카오스(chaos)=천지 창조 이전의 혼돈(混沌) 상태

카이로스(Kairos)=기회를 잡을 수 있는 결정적 순간, 평생 동안 기억되는 개인적 경험의 시간을 뜻

카트리지(cartridge)=탄약통. 바꿔 끼우기 간편한 작은 용기. 프린터기의 잉크통

커넥션(connection)=연결, 연계, 연관, 접속, 관계

컨설팅(consulting)=전문지식을 가진 사람이 상담이나 자문에 응하는 일

컬렉션(collection)=수집, 집성, 수집품, 소장품

코스프레(cosplay, costume play)=만화나 애니메이션, 게임에 나오는 캐릭터의 의상을 입고 서로 모여서 노는 놀이이자 하위 예술 장르의 일종

콘서트(concert)=연주회

콘택(contact)=연락, 접촉, 닿음, 연락하다

콘셉(concept)=개념, 관념, 일반적인 생각

콘텐츠(contents)=내용, 내용물, 목차.

콜렉트 콜(collect call)=수신자 부담. 전화를 받는 사람이 전화요금을 지불하는 방법

콜 센터(call center)=안내 전화 상담실

쿠폰(coupon)=상품에 붙어있는 우대권 또는 교환권

퀄리티(quality)=품질, 질, 자질

퀴어(queer)= 기묘한, 괴상한 / 성소수자가 스스로를 나타내는 말 가운데 하나

크로스(cross)=십자가(가로질러) 건너다(서로) 교차하다

크리켓(cricket)=공을 배트로 쳐서 득점을 겨루는 방식으로 진행되는 단체 경기. 영연방 지역에서 널리 즐기는 게임

키워드(keyword)=핵심어, 주요 단어(뜻을 밝히는데 열쇠가 되는 중요하고 핵심이 되는 말)

테이크아웃(takeout)=음식을 포장해서 판매하는 식당이 아닌 다른 곳에서 먹는 것. 다른 데서 먹을 수 있게 사 가지고 갈 수 있는 음식을 파는 식당

트랜스젠더(transgender)=성전환 수술자

트러블매이커(troublemaker)=말썽꾼, 분쟁 야기자

트릭(trick)=속임수,(골탕을 먹이기 위한) 장난

틱(tic)=의도한 것도 아닌데 갑자기, 빠르게, 반복적으로, 비슷한 행동을 하거나 소리를 내는 것

파라다이스(paradise)=걱정이나 근심 없이 행복을 누릴 수 있

는 곳

파이터(fighter)=싸움꾼, 전투원, 전투기

파이팅(fighting)=싸움, 전투, 투지, 응원하며 잘 싸우라는 뜻으로 외치는 소리

판타지(fantasy)=공상, 상상, (공상의) 산물

팔로우(follow)=따라가다, 뒤따르다/ 사회연결망서비스 상의 한 사람 또는 계정의 사진 글 등을 계속해서 따르겠다, 계속 보겠다는 뜻. 유튜브의 '구독' 같은 개념. 블로그에서는 '이웃추가' 또는 친구추가와 같은 말

팔로워(follower)=팔로우를 하는 사람. 추종자, 신봉자, 팬 등의 의미. 어떤 사람의 글을 받아보는 사람

패널(panel)=토론에 참여하여 의견을 말하거나, 방송 프로그램에 출연해 사회자의 진행을 돕는 역할을 하는 사람 또는 그런 집단.

패러독스(paradox)=역설. 옳은 것으로 보이나 이상한 결론을 도출하는 주장, 논리적으로 모순을 일으키는 논증.

패러다임(paradigm)=생각, 인식의 틀, 특정 영역·시대의 지배적인 대상 파악 방법 또는 다양한 관념을 서로 연관시켜 질서 지우는 체계나 구조를 일컫는 개념. 범례

패러디(parody)=특정 작품의 소재나 문체를 흉내 내어 익살스럽게 표현하는 수법 또는 그런 작품. 다른 것을 풍자적으로 모방한 글, 음악, 연극 등

팩트 체크(fact check)=사실 확인

팬덤(fandom)=특정 사람, 팀, 스포츠 등의 팬 들

퍼니(funny)=재미있는, 익살맞은, 우스운, 웃기는

퍼머먼트(permanent make-up)=성형 수술, 반영구 화장:파마(=펌, perm)

포렌식(forensics)=법의학적인, 범죄과학수사의, 법정 재판에 관한.

포럼(forum)=공개 토론회, 공공 광장, 대광장,

푸쉬(push)=민다, 힘으로 밀어붙이다. 누르기

프라임(prime)=최상등급. 주된, 주요한, 기본적인

프랜차이즈(franchise)=특정한 상품이나 서비스를 제공하는 주제자가 일정한 자격을 갖춘 사람에게 일정지역에서의 영업권을 줌.

프레임(frame)=틀, 뼈대 구조

프로테스탄트(protestant)=신교 신봉 교도(16세기 종교개혁결과로 로마 가톨릭교회에서 떨어져 성립된 종교단체)

프로슈머(prosumer)=생산자이자 소비자인 사람. 기업 제품에 자기의견, 아이디어(소비자 조사해서)를 말해서 개선 또는 소비자가 원하는 제품을 개발토록 직접 또는 간접적으로 참여하는 사람(프로슈머 전성시대)

프리덤(freedom)=자유, 자유로운 상태

피드백(feedback)=되알림, 상대방에게 그의 행동 결과에 대한 정보를 제공해 주는 것

피케팅(picketing)=특정 주장을 다른 사람들에게 알리기 위해 그 해당 내용을 적은 널빤지를 들고 있는 행위

피톤치드(phytoncide)=식물이 병원균·해충·곰팡이에 저항하려고 내뿜거나 분비하는 물질. 심폐 기능을 강화시키며 기관지 천식과 폐결핵 치료, 심장 강화에도 도움이 된다고 알려져

있다.

픽쳐(picture)=그림, 사진, 묘사하다

필리버스터(filibuster)=무제한 토론. 의회 안에서 다수파의 독주 등을 막기 위해 합법적 수단으로 의사 진행을 지연시키는 무제한 토론

하드(hard)=엄격한, 딱딱함, 아이스크림에 반대되는

하드 커버(hard cover)=책 표지가 두꺼운 것(책의 얇은 표지는 소프트 커버)

헌터(hunter)=사냥꾼

헤드 트릭(hat trick)=축구와 하키에서 한 선수가 한 경기에서 3골 득점하는 것

호러(horror)=공포, 경악,~에 대한 공포, ~의 참상

호모 사피엔스(homo sapiens)='지혜(슬기)가 있는 사람'이라는 뜻. 사람속(homo)에 속하는 생물 중 현존하는 종만을 가리키는 것으로, 인류의 진화 단계를 몇 가지로 구분하였을 때 가장 진화한 단계임

휴머니스트(humanist)=인도주의자

해킹(hacking)=다른 사람의 컴퓨터 시스템에 무단으로 침입하여 데이터와 프로그램을 없애거나 망치는 일

해커(hacker)=해킹(hacking)을 하는 사람

힌트(hint)=넌지시 알려주는 것(알려주다)

문학·예술 플라자

울타리 문학 · 아트 플라자

글벗문학마을을 울타리글벗문학회로 개칭하고
〈울타리 문학·아트 플라자〉를 개설합니다.

글쓰기 취미 작가 작품을 환영합니다.
- 스마트 시   : 시 / 동시 (3편 12행 이내)
- 스마트 수필 : 에세이 / 칼럼(15매 이내)
- 스마트 소설 : 소설 / 동화(30매 이내)
- 스마트 음악 : 찬송시 / 가요 (1편)
- 스마트 미술 : 만평 / 만화 (1편)

제출 창작품은 심사 후 울타리에 게재하고 게재집필자는 울타리글벗문학회 회원으로 모시고 울타리 10부를 드립니다.(원고 보낼 때 연락처 명기)

작품 제출은 다음을 참작하시기 바랍니다.
우편 04116
서울특별시 마포구 신촌로 270(아현동) 수창빌딩 903호
도서출판 한글
* E-mail : simsazang@daum.net
* 카카오토크 〈울타리〉에 가입 후 작품 발송도 됨.

한국출판문화수호 지킴이

매화

권명순(權明順)

남곡 문하생 회원전 2회
운곡대전문인화 부분 특선 1회
남곡 선생님께 사사

봄 새싹

봄마중

심광일 글·그림

심광일

한국아동문학연구회이사
한국동요음악협회 사무국장, 부회장 역임
전국아버지동화구연대회 대상 (문광부장관 상)
한국아름다운 글 문학상 수상, 한국동요음악대상
(작사부문) 동시집 「그래 나는 바보다,"
장편소설 「아버지의 눈물」

서체와 사자성어

오체서예

이병희

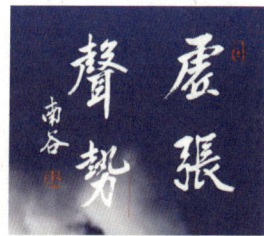
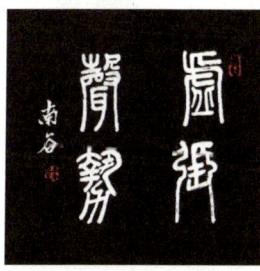

虛張聲勢 (허장성세)

虛-빌 허 張-베풀 장
聲-소리 성 勢-형세 세

*실력이나 실속은 없으면서 허세만 부림
- 뭔가 있어 보이는 척 하지만
  속은 텅비고 겉만 번지르르한 모습
- 속은 비었지만 겁으로는 큰 소리치며
  위세를 부리는 것을 뜻함
  (속빈 강정-빛 좋은 개살구)
→기업의 과장 광고,정치인들의 허황된 공약
  SNS에서의 과장된 자기 포장

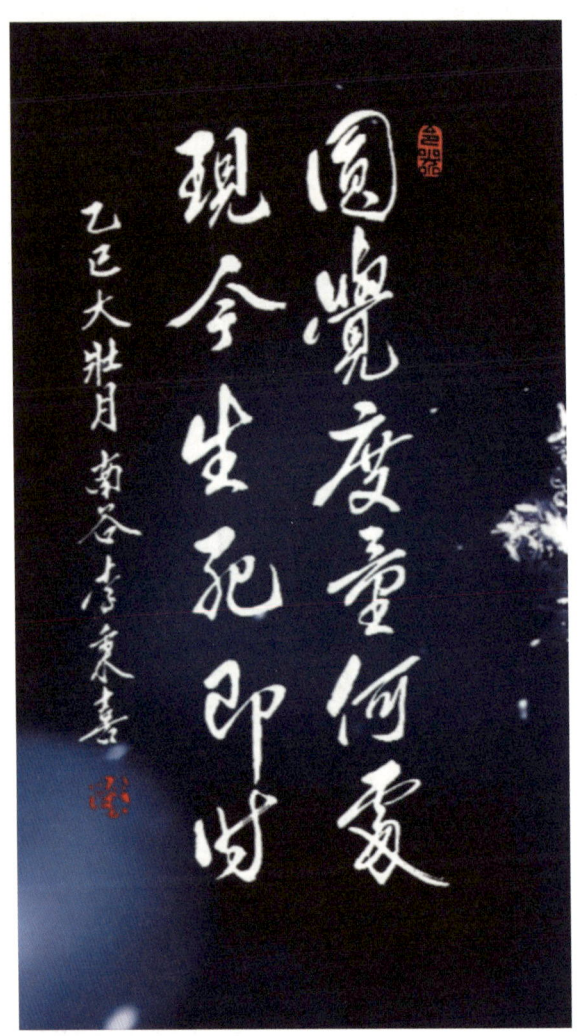

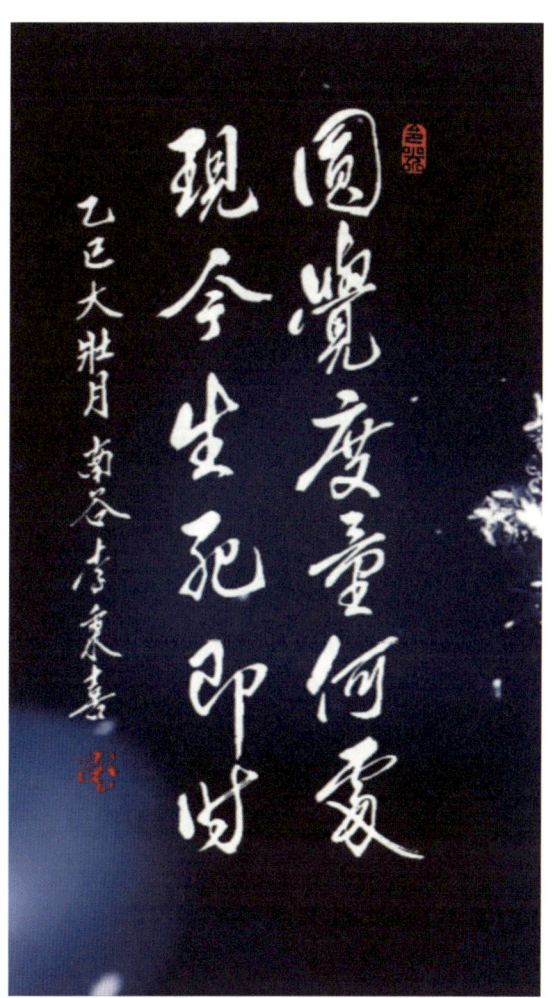

圓覺度量何處
現今生死即時
乙巳大壯月 南谷李東喜

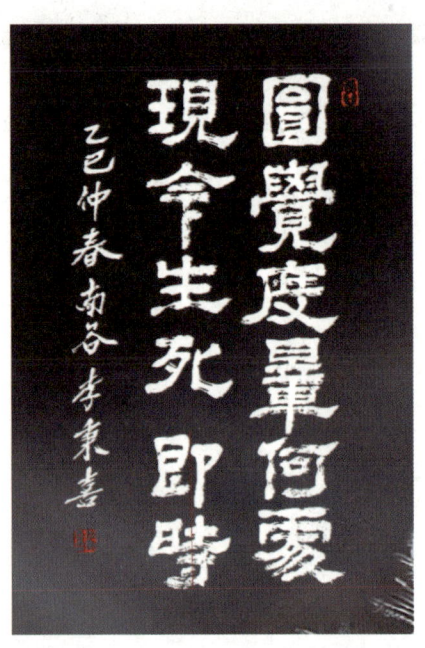

圓覺度量何處(원각도량하처)
現今生死卽時(현금생사즉시)

※ 깨달음의 도량
  즉 행복한 세상은 어디인가?
  -당신의 생사가 있고
   당신이 발딛고 있는
   지금(now)이곳(here)이다.
❀ 합천(陜川)
  해인사(海印寺)의 기둥에
  있는 글

사 자 성 어

| 子遺生靈 혈유생령 | 외롭게 살아남은 목숨. 子遗生灵 |

| 孑孑單身 혈혈단신 | 외로운 홀몸이란 뜻. 孑孑单身 |

| 螢雪之功 형설지공 | 차윤손강의 고사에서 나온 말, 어려움을 이기고 꾸준히 공부한 보람. 萤雪之功 |

| 形影相弔 형영상조 | 몸과 그림자가 서로 위로하다. 形影相吊 |

| 兄弟鬩墻 형제혁장 | 형제가 담 안에서 서로 다툼. 兄弟阋墙 |

| 螢窓雪案 형창설안 | 어려운 가운데서도 학문에 힘씀. 萤窗雪案 |

| 狐假虎威 호가호위 | 여우가 호랑이의 위세를 등에 업고 뽐내듯 남의 힘을 빌려 뽐냄. 狐假虎威 |

糊口之策 호구지책	먹고 사는 방책. 糊口之策
虎狼之國 호랑지국	호랑이와 승냥이의 나라라는 뜻, 즉 포악한 나라를 이르는 말. 보통 중국 최초의 통일국가인 진나라를 일컬음. 虎狼之国
虎父犬子 호부견자	호랑이 아비에 개새끼라는 뜻으로 잘난 아버지에 못난 자식을 일컬음. 虎父犬子
好事多魔 호사다마	좋은 일에는 방해되는 일이 많다는 말. 好事多魔
狐死首丘 호사수구	여우는 죽을 때 머리를 제가 살던 굴이 있는 언덕으로 돌린다는 뜻, 즉 고향을 못 잊고 그리워함. 狐死首丘
浩然之氣 호연지기	천지에 가득찬 광대한 원기. 공명정대(公明正大)한 도덕적 용기. 浩然之气

虎死留皮 호 사 유 피	범은 죽어서 가죽을 남기고 사람은 죽어서 이름을 남김. 인사유명(人死留名). 虎死留皮
虎視耽耽 호 시 탐 탐	범이 사나운 눈초리로 노려본다는 뜻으로, 날카로운 눈초리로 형세(形勢)를 살펴봄을 일컬음. 虎視耽耽
縞衣玄裳 호 의 현 상	흰 옷과 검은 치마. 소동파의 적벽부에 나오는 말. 학과 같은 깨끗함. 縞衣玄裳
好衣好食 호 의 호 식	좋은 옷 입고 잘 먹음. 好衣好食
胡蝶之夢 호 접 지 몽	장자가 나비가 되어 날아다닌 꿈. 사물은 절대적 경지에서 보아야 그 가치를 앎. 胡蝶之梦
惑世誣民 혹 세 무 민	사람을 속여 미혹시키고 세상을 어지럽힘. 惑世诬民

| 魂飛魄散 | 넋이 날아가고 넋이 흩어지다. |
| 혼 비 백 산 | 몹시 놀라 어찌할 바를 모름. 魂飞魄散 |

| 昏定晨省 | 조석으로 부모의 안부를 물어서 |
| 혼 정 신 성 | 살핌. 昏定晨省 |

| 忽顯忽沒 | 갑자기 나타났다가 홀연히 사라 |
| 홀 현 홀 몰 | 짐. 忽显忽没 |

| 紅爐點雪 | 화로에 눈을 뿌리면 순식간에 |
| 홍 로 점 설 | 녹듯 사욕이나 의욕이 일시에 꺼짐. 红炉点雪 |

| 弘益人間 | 널리 인간세계를 이롭게 함. 단 |
| 홍 익 인 간 | 군의 건국이념으로 고조선개국 이래 우리나라 정치 교육의 기본정신 弘益人间 |

| 化民成俗 | 백성을 교화하여 좋은 풍속을 |
| 화 민 성 속 | 이룸. 化民成俗 |

| 花容月態 | 꽃같이 예쁜 얼굴과 아름다운 |
| 화 용 월 태 | 태도 花容月态 |

畵龍點睛 화 룡 점 정	화가가 용을 그리고 마지막으로 눈동자를 그림으로써 완성한다는 뜻. 사물의 가장 중요한 부분을 끝내어 완성시킴. 画龙点睛
華胥之夢 화 서 지 몽	중국의 황제가 낮잠을 자다가 꿈에 화서라는 나라의 선정(善政)을 보았다는 고사에서 유래. '낮잠' 또는 '좋은 꿈'을 이름. 华胥之梦
花中君子 화 중 군 자	꽃 중의 군자라는 연꽃을 달리 일컫는 말. 花中君子
畵中之餠 화 중 지 병	그림의 떡. 실지로 이용할 수도 욕망을 채울 수도 없음 画中之饼
和風暖陽 화 풍 난 양	화창한 바람과 따뜻한 햇볕, 곧 좋은 날씨. 和风暖阳
畵虎不成 화 호 불 성	서툴게 남의 언행을 흉내내어 어려운 일을 하려 하여도 되지 않음. 画虎不成
換骨奪胎 환 골 탈 태	딴 사람이 된 듯이 용모가 바뀜. 换骨夺胎

중국간자(4)

석	释	釋=풀 석	解释/释迦
선	线	線=줄 선	电线/外线/线上
	选	選=가릴 선	选择/选别/选举
설	设	設=베풀 설	设备/设定/设置
섬	纤	纖=가늘 섬	纤维/纤细/纤柔
	闪	閃=번쩍 섬	闪光/化纤
	赡	贍=넉넉 섬	华赡
섭	摄	攝=당길 섭	摄取/摄生
성	圣	聖=성스러울 성	圣经/圣诞/圣灵
	声	聲=소리 성	音声/叹声/和声
	诚	誠=정성 성	精诚/诚意/诚心
세	势	勢=시세 세	势力/权势/姿势
	岁	歲=해 세	岁月/岁拜/岁暮
	贳	貰=세낼 세	贳房/专贳/赁贷贳
소	苏	蘇=차조기 소	苏联/耶稣
	扫	掃=쓸 소	清扫/扫除/扫灭
속	属	屬=엮을 속	所属/族属/系属
	续	續=이을 속	继续/连续/航续
	赎	贖=바칠 속	救赎/赎罪
	谡	謖=일어날 속	泣斩马谡
손	孙	孫=손자 손	子孙/曾孙/玄孙
	损	損=덜 손	损害/损失/毁损
	逊	遜=겸손 손	谦逊/逊辞
	荪	蓀=향풀 이름 손	
송	讼	訟=송사 송	诉讼/讼事/就讼
	诵	誦=욀 송	暗诵

	赋	賦=구실 부	月赋/割赋/日赋
분	奋	奮=떨칠 분	奋斗/奋起/奋发
	粪	糞=똥 분	粪尿
	坟	墳=무덤 분	坟墓/封坟
붕	鹏	鵬=새 붕	
비	备	備=갖출 비	准备/豫备/备考
	飞	飛=날 비	飞行/飞云/飞上
	费	費=쓸 비	费用/浪费/所费
빈	宾	賓=손님 빈	贵宾/宾客/宾厅
	贫	貧=가난 빈	贫穷/贫民/贫农
사	师	師=스승 사	师弟/师表/师范
	丝	絲=실 사	蚕丝/明丝/丝部
	写	寫=베낄 사	写真/誊写/复写
	饲	飼=먹일 사	饲育/饲料/饲草
상	偿	償=갚을 상	报偿/补偿/赔偿
	伤	傷=상처 상	伤处/损伤/伤害
	丧	喪=죽을 상	丧服/丧家/丧舆
	详	詳=자세할 상	未详/详细/详述
산	产	産=낳을 산	产业/生产/丰产
	伞	傘=우산 산	雨伞/伞下
새	玺	璽=도장 새	国玺/印玺
색	啬	嗇=아낄 색	吝啬
살	杀	殺=죽일 살	杀人/杀生/铳杀
서	书	書=글 서	书籍/书类/书架
	屿	嶼=섬 서	岛屿
	绪	緒=실마리 서	情绪/绪正

울타리후원자

강갑수	방병석	임준택	**스마트 북 13집**
권종태	배상현	임충빈	복숭아 울타리
권명순	배정향	전형진	발행에
김광일	백근기	전홍구	후원하신 분들
김대열	손경영	정경혜	
김명배	신건자	정기영	한평화 30,000
김무숙	신성종	정두모	김어영 30,000
김미정	신영옥	정연웅	이계자 17,000
김복희	신외숙	정태광	임준택 100,000
김상빈	신인호	조성호	이채원 30,000
김상진	심광일	주현주	최강일 50,000
김연수	심용개	진명숙	전형진 20,000
김성수	심만기	최강일	김영배 30,000
김소엽	심은실	최명덕	홍종문 30,000
김순덕	안승준	최신재	권명순 30,000
김순찬	엄기원	최용학	심만기 50,000
김순희	오연수	최원현	유성식 200,000
김승래	유영자	최의상	김종화 50,000
김어영	유성식	최창근	안은순 50,000
김영배	이건숙	표만석	이중택 50,000
김영백	이계자	한명희	최원현 100,000
김예희	이동원	한평화	김영배 40,000
김정원	이병희	허윤정	심현산 30,000
김홍성	이상귀	김예희	배상연 14,000
남창희	이상인	성용애	노홍업 7,000
남춘길	이상진	이선규	최명덕 100,000
민은기	이석문	홍조운	심용기 40,000
박경자	이주형	안은순	신외숙 50,000
박영애	이소연	이중택	신인호 50,000
박영률	이진호	심현산	김순희 100,000
박주연	이용덕	노홍업	이용덕 100,000
박찬숙	이채원	김종화	
박 하	임성길		